商业文化与素养

主　编　张　玲　孙　欣
副主编　董晓峰

图书在版编目(CIP)数据

商业文化与素养/张玲,孙欣主编.—哈尔滨:
哈尔滨工业大学出版社,2023.5
ISBN 978-7-5767-0878-3

Ⅰ.①商… Ⅱ.①张… ②孙… Ⅲ.①商业文化-中国-高等职业教育-教材 Ⅳ.①F72

中国国家版本馆 CIP 数据核字(2023)第 100798 号

策划编辑　杨秀华
责任编辑　马　嫒
封面设计　刘长友
出版发行　哈尔滨工业大学出版社
社　　址　哈尔滨市南岗区复华四道街10号　邮编150006
传　　真　0451-86414749
网　　址　http://hitpress.hit.edu.cn
印　　刷　哈尔滨市颉升高印刷有限公司
开　　本　787 mm×1 092 mm　1/16　印张 9.5　字数 240 千字
版　　次　2023 年 5 月第 1 版　2023 年 5 月第 1 次印刷
书　　号　ISBN 978-7-5767-0878-3
定　　价　38.00 元

(如因印装质量问题影响阅读,我社负责调换)

前　言

　　商业并非自古就有，随着经济社会的不断发展，在第三次社会大分工以后，商业正式分离出来，商人阶层产生。

　　商业文化是人类文化系统中的子系统，是人类在与商业相关联的活动历程中创造的物质财富和精神财富的总和，贯穿商业发展的始终。在几千年的商业经营过程中，我国人民在积累了丰富的社会物质财富的同时，形成了富有民族特色的商业文化，培养了诚实守信、互惠互利、勤于思考、克勤克俭等优秀的商业素养。因此，新的时代背景下，应引导从业者传承中华商道，完善经营管理，促进文化发展，建设社会文明，把民族共有的优秀文化精神贯彻、熔铸到商业经济行为中，生发出推动商业进步的文化动力。

　　改革开放之后我国的发展成就举世瞩目，商业也以前所未有的新姿态迈入新的历史时期，随着"一带一路"倡议的提出，我国商业发展的领域和空间更加广阔，各国间的文化交流也更加深入。在这种形势下，社会需要更多高端、复合型商科人才，尤其是商贸企业的管理人员和实操人员。商科专业在培养现代商业人才时更需要担负起商业文化传承的责任，发挥文化的教化作用。黑龙江职业学院作为"双高计划"学校，十分重视学生技能和素质的培养，2015年在商业专业率先开设商业文化课程，受到学生的好评和企业的认可，在线开放课程"商业文化与素养"被评为黑龙江省精品在线开放课程，理论和实践基础均较好。

　　本书梳理了我国商业各要素的发展历程及其中蕴含的商业文化，阐述了我国优秀的商业文化及其传承、发展，并融入社会主义核心价值观，为从业者拓展商业文化知识，传承商业文化精髓，提升商业道德，遵守商业规范，养成商业素养的成长目标提供借鉴和参考。本书采用模块—任务的编写模式，每个模块设定素质目标、知识目标、能力目标，用案例引发思考，用拓展阅读扩充商业知识，在模块学习结束后辅之测试与思考以及实训安排，使学生清晰认知要学习和掌握的内容，并在学习后自我检核是否达成学习目标，形成学习闭环，以小进步增强学习信心，最终实现大突破。本书的编写方式符合认知规律，也符合教育规律，对于学生提升商业素养，形成文化自信有一定的指导意义。

　　本书由张玲、孙欣任主编，董晓峰任副主编。具体分工为：张玲编写模块一、模块二、模块三，并负责框架、结构设计和统稿、审稿工作，同时指导具体写作;董晓峰编写模块四;孙欣编写模块五。另外,中国商业史学会会长王茹琴教授、山东商业职业学院王鑫教授给予本书大力支持和帮助,在此一并致谢。在本书的编写过程中,我们查阅、参考了大量研究成果,借此向有关作者致谢。

由于编者水平有限,书中难免存在疏漏与不足,恳请读者批评指正。

编 者

2023 年 1 月

目 录

模块一 商业和商业文化 … 1
单元一 商 业 … 2
  任务一 商业的内涵 … 2
  任务二 我国商业发展历程 … 6
单元二 商业文化 … 11
  任务一 商业文化的内涵 … 11
  任务二 商业文化的发展历程 … 16

模块二 商业文化的载体 … 23
单元一 商 品 … 23
  任务一 商品的内涵 … 23
  任务二 我国商品代表 … 25
单元二 商 人 … 28
  任务一 古代著名商人及文化特征 … 28
  任务二 近代著名商人及文化特征 … 32
  任务三 现当代商人的精神特质 … 36
单元三 商 路 … 37
  任务一 丝绸之路 … 37
  任务二 茶叶之路 … 45
  任务三 运河粮路 … 48
单元四 商 战 … 51
  任务一 商战思想的内涵 … 51
  任务二 著名的对外商战 … 54

模块三 传承商业文化 … 61
单元一 传承商帮文化 … 62
  任务一 明清商帮概况 … 62
  任务二 商帮文化的传承与发展 … 67
单元二 传承丝路商业文化 … 70

　　　　任务一　"一带一路"倡议 …………………………………………… 70
　　　　任务二　"一带一路"商业文化 ………………………………………… 73
　　单元三　传承老字号文化 …………………………………………………… 78
　　　　任务一　中华老字号文化的内涵 ……………………………………… 78
　　　　任务二　中华老字号文化的传承和发展 ……………………………… 79

模块四　提升商业道德 …………………………………………………………… 85

　　单元一　商人品格 …………………………………………………………… 86
　　　　任务一　诚实守信 ……………………………………………………… 86
　　　　任务二　义利并重 ……………………………………………………… 89
　　　　任务三　精明强干 ……………………………………………………… 92
　　　　任务四　勤勉节俭 ……………………………………………………… 93
　　单元二　经商之道 …………………………………………………………… 96
　　　　任务一　诚信是经营之本 ……………………………………………… 96
　　　　任务二　守法是经营基础 ……………………………………………… 100
　　　　任务三　谋略是经营手段 ……………………………………………… 102
　　　　任务四　创新是动力源泉 ……………………………………………… 105

模块五　养成商业素养 …………………………………………………………… 111

　　单元一　培养商业意识 ……………………………………………………… 112
　　　　任务一　商业意识的内涵 ……………………………………………… 112
　　　　任务二　培养商业意识的途径 ………………………………………… 114
　　单元二　遵守商业道德 ……………………………………………………… 119
　　　　任务一　商业道德的内涵 ……………………………………………… 119
　　　　任务二　遵守商业道德的要点 ………………………………………… 122
　　单元三　提升商业素养 ……………………………………………………… 125
　　　　任务一　商业素养的内涵 ……………………………………………… 125
　　　　任务二　提升商业素养的方法 ………………………………………… 129
　　单元四　锤炼商业技能 ……………………………………………………… 134
　　　　任务一　商业技能的内涵 ……………………………………………… 134
　　　　任务二　锤炼商业技能的措施 ………………………………………… 138

参考文献 …………………………………………………………………………… 144

模块一　商业和商业文化

【素质目标】

◎具备一定的商业意识,能客观地分析商业价值。
◎培养较强的学习能力,激发创新意识和创新欲望。

【知识目标】

◎理解商业的产生、定义、内涵,了解我国商业的起源、发展和变迁。
◎理解商业文化的含义,了解商业文化的功能和作用。

【能力目标】

◎能够根据商业的形成要素,判断商业产生的时间。
◎能够从时间维度上厘清我国商业发展过程中各阶段的典型特征。

【模块导读】

商业并非自古就有,它存在于一定历史阶段,商业的发展在一定程度上反映了一个国家和民族的发展历程。我国是世界上最早产生商业的国家之一,在商业经营活动中,商业文化逐渐形成,并不断传承和发展,同时也影响着商业的发展进程。本模块旨在让学习者了解商业和商业的发展历程,以及商业文化的形成、功能和作用,构建商业意识,形成学商懂商的氛围。

【引导案例】

陶朱公的"大商之道"

范蠡,字少伯,春秋末期楚国宛(今河南南阳市)人,他个性独特、天资聪颖,曾为楚国名士,后辅佐越王勾践,帮助越国富强,最终消灭吴国。灭吴后,范蠡功成身退,转而经商,到达陶地(今山东省菏泽市定陶区),见此地为贸易要道,可以据此致富,于是留在此地,自称陶朱公。范蠡在此种植、经商,由于经商有道,很快就积累了万贯家财,被后世人尊为商祖。他的《陶朱公商训》被奉为商人之宝,广为流传。

关于经商,范蠡认为:"于己有利而于人无利者,小商也;于己有利而于人亦有利者,大商也;于人有利,己无利者,非商也;损人之利以利己之利者,奸商也。"大商之道可总结为：大商之经商，有如伊尹、姜子牙之于治国，孙子、吴起之于用兵，商鞅之于变法，其学问精深，道法玄奥，意气宏远，境界高明。在经商过程中，陶朱公三度致富，又三散家财，他每到一处都能闻名天下。在名利面前，他始终保持清醒，进退自如，以诚信为本，勇于决断，这不仅是为人的品德，更是经商的秘诀。

案例思考：
1. 在今天，陶朱公的"大商之道"能带给你什么启示？
2. 陶朱公的经商之道体现了怎样的商业文化，他的商业之道为什么到今天仍为人尊崇？

单元一　商　业

任务一　商业的内涵

一、商业的含义

商业并非自古就有，人类产生以后，在漫长的时间里是没有商业的。在原始社会后期——母系氏族社会时，物品偶然有了剩余，就有了偶发的、个别的物物交换。到了父系氏族社会，生产力进一步发展，手工业从农业中分离出来，生产的物品丰富起来，交换越来越频繁，涉及丰富的生活用品。为了解决物物交换的不便，人们开始用货币充当等价物，交换物品的价值具备了可衡量性，此时商业雏形形成。直到第三次社会大分工以后，一个不从事生产，只从事商品交换的职业——商业出现，商业才正式被分离出来。可以说，商业源于原始社会以物易物的交换行为，是以买卖方式实现商品流通的经济活动，它的本质是交换，而且是基于人们对价值认识的等价交换。具体而言，商业是以货币为媒介进行交换，从而实现商品流通的经济活动。时至今日，商业作为独立的产业，随着市场经济的发展，其作用越来越大。可以从以下四个方面理解商业的内涵。

（一）商业行为以营利为目的

商人从业的目的在于直接或间接地获取利润，追求营利的活动都可称为商业行为，文化事业、教育事业等不以营利为目的的活动不是商业行为。

（二）经营商业的主体具有独立的经济地位

在各个历史时期，商业作为一个行业，虽然一度处于被轻视、被抑制的地位，但其经营主体始终具有独立的经济地位，并形成一定的组织形式。

（三）商品买卖业务完全专业化

商业劳动与物质生产劳动相分离，在此基础上形成社会分工的基本体系，随着商业的发展,商业模式不断变化并趋向完善。

(四)商业流通中的货币资金相对独立,并有运动规律

商人预付的货币资金专门执行商品交换的职能,实现价值和使用价值,它不生产商品。货币资金的运动遵循先买再卖、反复买卖的规律。

二、商业存在的意义

所谓"无农不稳,无工不富,无商不活",商业作为独立的经济部门存在有其深刻的意义:

第一,商业的独立存在可以缩短商品流通时间,加速社会的再生产过程。在商品经济条件下,社会再生产过程是生产过程和流通过程的统一,因而流通时间越短,社会再生产周期的更新就越快,为社会提供的物质财富也就越多。

第二,商业的独立存在可以节约流通领域的社会劳动。商业部门不只是为一个生产部门和企业推销商品,而是整合资源,为许多生产部门和企业进行商品购销活动,它可以快速、多次地在生产部门和企业的一个资金周转周期内完成若干次资金周转,节省了大量的人力、物力和财力。

第三,商业的独立存在可以提高各行业生产的效率和专业化程度。在商品经济条件下,商业把生产和生产、生产和消费连接起来,通过为不同的生产者和消费者提供其所需要的流通、交换媒介,满足其各自的需求,从而促进了社会分工的发展和生产专业化程度的提高。

三、商业的形态

人们常用"商贾"来形容商人,历史上描绘商贾云集的商业盛况的作品非常多,比如被誉为我国十大传世名画之一的《清明上河图》,它是北宋画家张择端所画的风俗画,以长卷形式,采用散点透视构图法,生动记录了12世纪北宋都城东京(今河南开封)的城市面貌和当时社会各阶层人民的生活状况,是北宋时期商业繁荣的见证,各类商业经营者历历在目。杨衒之《洛阳伽蓝记》中记载,洛阳有大市,市东的通商、达货二里,住的都是工商业者,其中最富有的是刘宝。他在"州郡都会之处皆列一宅",经营商业,凡"舟车所通,足迹所履,莫不商贩焉",因此,"海内之货,咸萃其庭。产匹铜山,家藏金穴,宅宇逾制,楼观出云,车马服饰拟于王者"。刘宝在非常大的地域范围内建立了自己的商业经营网络,这种大规模经营在古代是不多见的。由于商人地位一直较为低下,因此商人称谓通常用一修饰词来表明其特征,如良贾、诚贾,指在经营中能够坚守商业伦理的商人,而奸商、市井之徒、市侩定义的则是不遵守商业伦理的人,或者是人们对商人贬低和蔑视的一种表达。关于商人比较中立的表述有行商、坐贾、包买商、牙商、儒商、盐商、海商、色目商人、买办等称谓。古代常见的商业形态有下面四种。

(一)行商

行商是一种流动性的交易方式,"商"最早就是专指行商。《白虎通义》载:"商之为言,商其远近,度其有亡,通四方之物,故谓之商也。"行商可以分为两大类。一类是规模较大的商队,这类行商通常有较为固定的交易商品和运输方向,例如,贩运粮食、茶和盐

等;在贩运方向上,通常是将某地需求的商品运到该地,或是由内地贩运到边陲地带。这类行商往往资金雄厚,长途跋涉,进行的是大宗的商品交易。另一类是小本经营的货郎小贩,其日常经营形式是乡间货郎上山下乡或街头小贩走街串巷。这类行商在经营方式上,一般比较灵活,对于现金较缺乏的村民,也可以进行赊卖或以实物换货。这大大方便了人们的生活,颇受民间欢迎,成为商业领域的一支重要力量。无论是大规模的商队,还是小本经营的货郎小贩,作为行商,其基本的特点是以卖方向买方主动会合为特征,即经营者将商品主动运送到需要该商品的地方或人们手中。

行商活跃在整个商业历史中,为了互助互惠,维护行业规则,常常因为某种联系而结成帮会。帮会有些是以同乡关系结成的,如广东帮、福建帮、山西帮;有些是因所贩运的货物种类相同结成的,如盐帮、粮食帮;也有因运输工具而结成的,如车帮、马帮、船帮。帮会中有首领指挥一切,虽然也经营店铺,但仍以流动贩运为主,各帮内有各自的规矩。

【拓展阅读】

陕西粮食帮

陕西西部的农民常以村庄为单位,结成粮食帮,在陕西、甘肃两省之间贩运粮食。他们把陕西的小麦运到甘肃,再把甘肃的荞麦、谷子、食盐等贩回陕西。他们推着独轮的"狗脊梁车",彼此照应,结队而行。商队常在天麻麻亮时上路,直到半夜三更才到旅店投宿。他们说:"不怕慢,单怕站(停),一站就是二里半。"所以宁可在路上走慢些,也要尽量缩短途中休息的时间。当粮食运到目的地后,卖给当地的庄主(坐商),由庄主零售。之后,便踏上回乡的路。

(二)坐商

坐商,也称"坐贾",是由市场交易发展而来的固定的经营方式。在我国商业发展历程中,商人从走街串巷挑担子,到在"市"的固定店铺中经营,其经营方式经历了由行商到坐贾的过程。《白虎通义》这样解释"贾":"贾之为言固,固有其用物以待民来,以求其利者也。"因此,坐商在经营方式上的特点,首先表现在"固"上,即坐而售卖,有固定的地点、固定的时间和固定的经营商品。在坐商中,无论是大商号还是小摊点,都具有买方向卖方主动会合的特点,也就是说消费者只能到商品售卖地去买。因此,坐商必然会采取各种方式以招徕顾客,由此也形成了坐商的各种标志。例如,店铺招幌、店家字号、商品包装、楹联等。就其本质而言,这些标志都是为了向消费者传递商品信息,以达到推销产品的目的。

当然,行商和坐商也不是完全对立的经营方式,它们同时存在,相互融合。以明清时期的山东商帮为例。在商帮发展初期,很多商人实力还不够雄厚,经商方式以长途贩运贸易为主。随着商人财力、物力、人力的增长,他们开始由行商逐渐转变为坐贾,可以贩卖商品,也可以就地开店,免去了长途贩运面临的旅途遥远、行情变换的风险。随着经济的发展,坐商也慢慢坐不住了,开始走出去主动营销,比如在繁华的地方搞促销,开拓销售渠道,维护市场等,围绕市场和消费群体,由被动变为主动,更灵活地去营销产品和服务。在市场经济快速发展的今天,行商和坐商相互协作,同生共长。随着数字经济时代的到来,新零售业态崛起,零售企业多数有固定的经营地点,消费者会主动来体验并购买。它们除了做好店铺和产品,也开始通过线上、线下多种渠道主动出击,依靠大数据精准定位、拓展、服务自己的客户。与坐商的新零售业态几乎同时,行商也出现了新的销售方式,更加重视用户体验的"颗粒度",让大数据+AI(人工智能)有了更好的发挥空间,激发客户的非主动性需求,来"创造顾客"。行商和坐商作为两种经营形式正走向融合发展之路。

(三)牙商

牙商,又称居间商,民间多称其为"掮客""居间商""说和人"等,类似于现代的"经纪人",是一种纯媒介性的商业类型。牙商自身一般没有什么可交易的商品,只为交易双方做中间人,通过协助买卖双方达成交易而从中收取一定的报酬或佣金。他们组织往来客商的交易,或换货,或买卖,有的甚至发展了代买、代卖、代运的业务。后来,居间商行业组织出现,一些大的居间商往往组织成各种帮系,划分地域范围,利用特权采取垄断交易,从而获取较高的利润。

(四)十三行

广州十三行是对广州洋货行的总称,它是清政府指定专营对外贸易的垄断机构。明清时期,广州的对外贸易全属官营,洋货行获利丰厚。明末清初诗人屈大均(1630—1696)在《广州竹枝词》中有云:"洋船争出是官商,十字门开向二洋;五丝八丝广缎好,银钱堆满十三行。"足见当年十三行的兴隆旺景。康熙二十四年(1685年),清政府分别在广东、福建、浙江和江南四省设立海关,管理外贸事宜。1757年,乾隆皇帝宣布撤销原设的沿海各关,仅留广东的粤海关一口对外通商。粤海关名义上专管对外贸易和征收关税事宜,实际上税收营生都是由十三行出面主持,承接包揽的项目,包括代办报关纳税等业务。当时国内商税和海关贸易货税分为住税和行税两类。住税征收对象是本省内陆交易一切落地货物,由税课司征收;行税征收对象是外洋贩来货物及出海贸易货物,由粤海关征收。为此,建立相应的两类商行,以分别管理贸易和税饷。前者称金丝行,后者称洋货行,即十三行,作为粤海关属下的中外交易场所,十三行成为清政府唯一合法的外贸特区,中国与世界的贸易全部聚集于此,直至鸦片战争爆发为止。

四、商业在国民经济发展中的作用

(一)商业对生产者和消费者具有衔接和协调的作用

从现实的经济活动中可以发现,生产者与消费者之间的沟通障碍是市场供求失衡的一个重要原因。生产者与消费者无法在价格上达成一致,原因之一在于他们之间缺乏一个缓冲和协调的市场主体。在市场经济条件下,这个主体就是独立承担流通风险、降低交易成本的商业组织。它们是对最终交易价格最有发言权的市场力量,可以起到使供求价格趋于协调的衔接作用。

同时,市场经济要求市场在资源配置中起决定性作用,各种利益主体必须通过市场交换出售产品和获得资源。在商品流通中,谁更接近消费者,谁就能准确地了解消费者,捕捉到准确的需求信息。因此,商业对生产者、消费者起到能动的调节作用。

从消费者角度看,商业的发展推动了物流配送业的发展,同时新的零售业态的出现节约了消费者的时间,提升了消费者的生活质量,更大程度地满足了消费者的需求。

(二)商业对劳动力的吸纳作用

充分就业是衡量国家宏观经济表现的重要指标。我国是劳动力供给大国,在城市化进程中,商业是吸纳劳动力就业的重要行业,但商业对劳动力的吸纳能力和作用是有条件的。

第一,提升劳动力的商业能力和商业素养有利于商业健康、稳定发展。

第二,一定时期商业的就业规模受当时的社会化规模及社会化、专业化程度制约。

因此,大力促进商业吸纳就业的同时,也应加强产业内部结构优化,并注重第一、二产业对第三产业的支撑作用。

(三)商业对国民经济其他产业的推动作用

商业的发展对工业化进程和整个国民经济的发展所产生的推动作用是不可低估的。制造业生产规模大、相对集约的趋势与消费者购买量小、相对分散的矛盾呈日益扩大之势,客观上要求商业组织在规模、数量和质量上必须以一定速度增长和提高,才能匹配工业、制造业高速发展的要求。

某一产业能否顺畅地获得生产要素并销售产品,不仅关系到其自身能否正常运转,而且还影响着相关产业链能否正常运转。在这种情况下,各产业之间以及各产业与市场之间越来越需要专门的中介机构,以建立起高效、有序的协调机制,商业无疑充当着这一角色。

(四)商业具有促进市场体系发育和完善的作用

商业是反馈消费者需求信息的第一道环节,产品的最终价格也是在商品市场中形成的,各类要素市场能否清晰无误地反映市场需求并有效定价,在相当程度上取决于商品市场价格机制是否及时、准确和有效。商业的发展有利于促进发育成熟、富有效率的市场体系的建立。

任务二 我国商业发展历程

商业历史的演进,尤其是商业模式的变革,深刻影响着社会发展的方方面面,在一定程度上反映了一个国家与民族的发展历程。

一、原始社会时期的商业

我国是一个历史悠久的古国,原始社会在相当长时期内是没有商业的,那时生产力低下,人们共同劳作,物资共有。随着生产力的发展,产品逐渐有了剩余,出现了偶然的物物交换。人类社会第一次社会大分工后,农业和畜牧业分离,生产效率提高,剩余产品增加,物物交换的行为开始变得频繁。

到了原始社会末期,第二次社会大分工出现。手工业从农业中分离出来,生产的产品更加丰富,于是以交换为目的的生产出现了。随着商品交易的扩大,出现了固定的交易场所——市。《易·系辞下》中有:"日中为市,致天下之民,聚天下之货,交易而退,各得其所。"说的是神农氏时,规定中午为集市时间,人们交易商品后回去,各人都获得了所需要的物品。

二、奴隶社会时期的商业

夏朝是我国历史上第一个奴隶制国家,它的建立标志着原始社会的结束。商朝建立以后,交换活动十分广泛,社会经济繁荣,农业、酿酒业、畜牧业、青铜业、制陶业、丝麻纺织业、建筑业、工艺品制作等都有相当高的水平。专门从事商品交换的人已经形成一个独立的社会阶层,这就是人类历史上的第三次社会大分工。商业性城市开始出现,商朝后期的都城殷(今河南安阳)经过几代统治者的着力经营,规模扩大,被称为"大邑商"。在发掘出土的殷墟遗址中,有手工作坊,还有交易场所"市""肆",在金文中也有"市"字出现。城市的发展为商业交换的进一步扩大和深化创造了条件。《尚书·酒诰》中记载有殷人"肇牵车牛,远服贾用",意思是说商代有人专门用牛车到远处做买卖。海贝因为坚固耐用,重量轻,体积小,便于携带和保存,被选择作为货币。在商代墓葬中出土了大量的随葬海贝。随着商品交易的扩大,还出现了骨贝和铜贝,铜贝的出现标志着至少在商朝晚期我国已有了世界上最早的金属货币。

"市"字的字源演变如图1.1所示。

图1.1 "市"字的字源演变

西周时,商业被列为"九职"之一,成为社会经济不可缺少的部门。西周制定了"工商食官"制度,手工业者和商人都是官府的奴仆,要按照官府的规定和要求从事生产和贸易。市场由"司市"管理,下设负责辨认真伪、管理物价、维持秩序、稽查盗贼、掌管度量衡、征收商税的管理人员,十分规范,这套做法一直被后世市场管理者延用,影响久远。铜铸币的大量使用,使盛产铜的南方与北方的物资交流日趋频繁。商业的繁荣积累了财富,促进了交流,也扩大了王朝的视野。新兴贵族产生,旧贵族没落,封建制度的社会形态呼之欲出。

春秋战国时期,封建社会从领主制向地主制转化,我国商业完成了历史上的第一次飞跃。"工商食官"制度被打破,私营商业迅速发展,山泽之利陆续开放,出现了范蠡、子贡、吕不韦等巨贾富商。大商人周游列国做生意,参与各国的政治和外交活动,比如著名的弦高犒师的故事,体现了当时大商人在政治、经济方面的地位。各国统治者居住的城市及位于交通枢纽的货物集散之处,都形成了繁荣的城市,如齐国临淄、赵国邯郸、楚国郢等。晏子使楚故事中,晏婴就提到临淄街市"人肩摩""挥汗成雨"的情形。"市"内列肆成行,商品分类摆放,牛马交易中出现了"牙人",即中间商,一些行业出现了"前店后坊"的工商合一模式,并在之后的经济社会中长期保留下来。市的经营时间有限制,关税和市税日益成为政府收入的主要来源。此时,有些富商势力庞大,威胁了君主权威,抑商思想开始萌芽。

三、秦汉隋唐时期的商业

秦始皇统一中国后,统一货币、度量衡,修驰道,进一步促进了商业的发展。魏晋南北朝是分裂割据的时代,商业出现衰退。直到隋唐重新建立起大一统的帝国,社会经济才又恢复发展,可见政权的统一和国家的安定对商业发展的重要作用。但是,秦自商鞅变法以后所奉行的抑商政策,如把各地富豪迁入咸阳就近控制、把商人打入另册编入市籍和贬低商人地位等做法,使商业发展受到了很大的限制。

西汉政府放宽商业政策,"开关梁,弛山泽之禁,是以富商大贾周流天下,交易之物莫不通",以长安为中心,关中地区(今陕西)成为商业最繁盛的地方。汉武帝时大力抑商,实行盐铁官营,改革币制,禁止商人占有土地和奴婢,违抗即没收全部财产。虽如此,汉代的商业还是有了很大发展,加强了与东南亚各国的贸易往来。张骞两出西域,开辟了"丝绸之路"。五铢钱的铸造与发行,稳定了货币价值,其成为我国历史上数量最多、流行最久的货币。都城长安及洛阳、邯郸、临淄、宛城、成都等大城市,发展成为著名的商业中心。政府对"市"控制很严,市内设官署,由市令或市长管理、监督交易,还有专管治安的官吏。

东汉的生产技术比西汉有所提高,出现了一些专业的手工作坊。长江以南各郡开始发展,人口增长,新兴城市发展起来。魏晋南北朝时期,南北对峙的局面阻碍了经济交流。魏国(220—265)时正式把按货币征收的赋税变成实物税——"户调"(收绢)。这一时期币制紊乱,钱币减重,物价高涨,正常的商品流通受到严重干扰。晋朝继续抑商、辱商,规定商人不得乘车衣锦,在市场上做买卖的人要把自己的名字贴在额头上。

隋朝统一后,生产力发展迅速,政府修建大运河,新铸五铢钱,商业逐渐复苏,并走向繁荣。南方城市发展较为迅速,长安与洛阳成为全国最大的商业中心。各地交流的商品种类增加,糖、茶等新商品进入市场,盐、酒等采取开放政策。手工业产品比重提高,瓷器成为大宗商品。对外贸易分为海上、陆上两路,特别是西北陆上贸易比较发达。唐朝随着农业、手工业和交通业的发展,商业出现了繁荣的局面。全国县以上的城镇都有市,长安和洛阳的市最大。都城长安是国内外贸易的中心,四面八方的商客和外国商人云集于此。和汉朝一样,市内的店铺叫"肆",一个区域内出售同类货物的肆组成"行",行有"行头"。行是保护同行商人的利益、与官府交涉事务的组织。据《长安志》记载,东市有"货财二百二十行,四面立邸,四方珍奇,皆所积集"。邸是供客商居住和存放货物的地方。商业区和居民区分开,市由市令、市丞等负责管理,征收商税,活动有时间限制,中午击鼓三百声,开始贸易,日落前三刻,击钲三百下,停止贸易。随着商业的不断发展,唐末出现了夜市,坊区和农村也出现了店铺。邸店、柜坊、飞钱等商业服务行业配套齐全,其中飞钱是我国最早的汇兑业务。民间贸易发达,唐代在与少数民族接壤处设互市,陆、海两路的海外贸易都非常繁荣,当时的中国是整个亚洲的商业中心。按行业不同,唐朝形成了很多商帮,著名的有南北杂货商、盐商、茶商、米商、酒商等,商业资本活跃。唐朝统治者开明,允许民间自由贸易,减免关税、市税,商业发展迅速。当然同时也存在抑商现象,如规定工商杂户不得服黄、不得乘马等。"安史之乱"后,唐朝财政陷入困境。五代十国时期,商业倒退。

四、宋元明清时期的商业

宋朝是我国商品经济继春秋战国后迎来的第二个高峰期。北宋时期,商业政策宽松,经济繁荣。坊和市的界限被彻底打破,出现了早市、日市、夜市等,中小城镇和农村各类型的集市贸易也逐渐繁盛,比如定期的庙会、专业性的集市及节令性的集市等。北宋都城汴京(今河南开封)是全国商业和交通中心,城内外店铺如织,"每一交易,动即千万"。城里到处有酒楼、饭店、茶馆、娱乐场所,市场上有南方的米、水果、茶叶、丝织品,沿海的海鲜,西北的牛羊、煤,成都、杭州、福建的纸和书籍,两浙的漆器,各地的陶瓷、药材、金玉器皿,日本的扇子,高丽的文具,大食的香料、珍珠等。

与商业相关的邸店业(货栈)、仓储业、柜坊(钱庄)、交引铺(票据汇兑)、质库(当铺)、便钱务(货币汇兑)等大大发展。东南沿海的泉州、广州、明州(今浙江宁波)等重要港口成为著名的国际贸易港口。北宋确立了年号货币制度,一直沿用到清朝。最值得一提的是出现了纸币,当时被称为"交子"。南宋虽然偏安一隅,但是社会经济持续发展,商业进一步繁荣。

元朝初年,交通运输业空前发达,疏通后的大运河从杭州直达大都,杭州成为南方最大的商业中心,横跨欧亚的陆上丝绸之路也重新繁荣起来。泉州是元代对外贸易的重要港口,外国旅行家誉之为世界第一大港,元政府在这里设置市舶司,严密控制对外贸易。元朝的商业以官营为主,控制对外贸易,在私人经营中,贵族、官僚和色目人等占优势。同业组织——"行"的作用更加突出,在维护同业利益方面的排他性很强。

明朝时期,商品经济形成第三次发展高峰。大一统的环境加上政府政策的扶持,经济迅速恢复并发展。海运有著名的郑和下西洋,陆路方面整修了驿道,邮递业出现并流行。新的工商业城市不断涌现,更多农民弃农经商,白银成为主要流通货币。明朝中期以后,以生产为目的的纺织业逐渐兴起并在江南一些地区发展成为独立的手工工场。如苏州出现了以丝织为业的机户,开设机房,雇佣机工进行生产。明中叶,商人资本的经济力量不断增强,地域性的商帮出现,商人和新兴市民阶层的社会地位提高,政府中出现了商业资本的代言人。明朝末年,封建政府变本加厉地压榨和掠夺商业,社会矛盾加剧,商人的反封建力量增强,以中、小商人和手工业者为主体的斗争开始出现。

清初,由于战争破坏,经济凋敝。为了缓和阶级矛盾和民族矛盾,清政府采取了减轻税负的商业政策。康熙、雍正以来实行"摊丁入亩"的赋税制度,大力整顿地税、关税,减轻商人负担。民间丝织业、制瓷业、采矿业发展迅速,外贸流入的消费品大增,通货不足的状况完全扭转。赋税及地租的货币化,将农产品商品化推向新高度,出现"康乾盛世",商业发展进入黄金时期。明末清初一度夭折的资本主义萌芽重现,且在地区、行业、商业与生产结合的形式上都有所发展。但整个生产始终未进入手工业阶段,其力量远不足以瓦解封建生产方式,自然经济仍占主导地位。清朝统治者实行闭关政策,一方面禁止国人出海贸易,另一方面限制外商来华贸易,只留广州"一口通商",这使我国对外贸易逐渐萎缩。尽管如此,城镇商业依然呈繁华景象。棉花、茶叶、甘蔗等农副产品大量进入市场成为商品。区域间长途贩运贸易发展较快,货币流通作用越来越大。商帮实力大增,大批商人组织涌现。其中,人数最多、实力最强的是徽商和晋商。

五、近现代时期的商业

鸦片战争之后,我国的自然经济开始解体,近现代机器工业出现,以李鸿章为首的洋务派兴办了许多军工业和制造业,如安庆军械所、福州船政局、汉阳钢铁厂等,并成立了我国最早的股份制企业——轮船招商局,这些企业奠定了早期我国工商业的基础,客观上推动了民族商业的发展,直至甲午战争,洋务运动失败,工商业再度陷入低谷。

维新变法时期,资产阶级改良派提出了许多有利于工商业发展的政策与措施,如修铁路、造轮船、开矿、铸银等。虽然很多政策与措施没有得到实施,但在一定程度上促进了民族商业的发展。康有为等提出"富国、养民、教民"的思想,鼓励大力发展资本主义工商业,为民营工商业带来了新的观念。

清朝统治被推翻后,出现了兴办工商业的浪潮,极大地促进了商业的发展,但随着帝国主义的剥削、压迫,最终再次低沉。

第一次世界大战爆发以后,以张謇等人为首的民族实业家提出了"实业救国"的口号,许多爱国人士纷纷设厂救国,创办纱厂、面粉厂,兴办学校。他们认为实业和教育是国家"富强之大本"。

1937年日本发动全面侵华战争之后,民族企业遭受空前残酷的打击。

中华人民共和国成立以后,确立了社会主义制度,商业有了实质性的发展和突破,为工业化奠定了基础。1978年,党的十一届三中全会的胜利召开吹响了改革开放的号角,经济体制开始朝市场经济迈进,商业迅速繁荣,市场活力凸显,生产力和综合国力得到巨大提升。2013年,"一带一路"倡议的提出为促进基础设施建设、贸易投资、金融、人文等方面的互联互通,贡献着中国力量、中国智慧和中国方案,我国的国际影响力日渐增强。

【拓展阅读】

能识人。知人善恶,账目不负。
能接纳。礼文相待,交往者众。
能安业。厌故喜新,商贾大病。
能整顿。货物整齐,夺人心目。
能敏捷。犹豫不决,终归无成。
能讨账。勤谨不怠,取行自多。
能用人。因才是用,任事有赖。
能辩论。生财有道,阐发愚蒙。
能办货。置货不苟,蚀本便经。
能知机。售贮随时,可称名哲。
能倡率。躬行必律,亲感自生。
能运数。多寡宽紧,酌中而行。

——节选自《陶朱公商训》

单元二　商业文化

任务一　商业文化的内涵

一、文化的含义

在我国,"文化"一词早已出现。古籍中,"文"既指文字、文章、文采,又指礼乐制度、法律条文等;"化"是"教化""教行"的意思;"文化"被理解为统治者的施政言法,它是与"武功""武威"相对立的"文治"和"教化"的总称。"文"与"化"并联使用,较早见之于战国末年儒生编辑的《周易》:"观乎天文,以察时变;观乎人文,以化成天下。"意思是通过观察天象,了解时序的变化;通过观察人类社会的各种现象,用教育感化的手段来治理天下。汉代刘向在《说苑》中说:"凡武之兴,为不服也,文化不改,然后加诛。"此处"文化"一词与"武"相对,含教化之意。

"文化"作为社会历史范畴的一个概念,概括了人类社会一切时代的文化现象。文化,广义指人类在社会实践过程中所获得的物质、精神的生产能力和创造的物质、精神财富的总和,狭义指精神生产能力和精神产品,包括一切社会意识形式,如自然科学、技术科学、社会意识形态,有时又专指教育、科学、艺术等方面的知识与设施文化。作为一种社会现象,它是人类长期创造形成的产物,同时又是一种历史现象,是人类社会与历史的积淀物。文化既凝结在物质之中,又游离于物质之外,能够被传承和传播,是人类相互之间进行交流的一种意识形态,是对客观世界感性的知识与经验的升华。文化是与自然相对应的,文化是有物质载体的人化的观念世界。文化不是物质,但文化可以有其物质载体;物质不是文化,但物质可以作为文化的载体而具有文化的内涵。本书对于文化采用广义的理解。从广义的角度分析和认识文化现象,有助于联系人类赖以生存的物质基础、物质生产及其历史变迁,认识和探索人类的生活方式和思想观念,从而全面、深刻地理解人类的行为、思维方式的特点和变化。

二、商业文化的含义

商业文化是人类文化系统中的子系统。自20世纪80年代末,我国的专家、学者开始重视商业文化的研究,不同的学者从不同角度提出了很多关于商业文化的论述。有人认为商业文化是指在商业营销管理活动中占主导地位的商业从业者的共同信仰、价值观、行为规范、传统和习惯;有人认为商业文化是商业系统中人的文化,其表现为物质文化、制度文化和意识文化;有人认为商业文化是商品生产、流通、消费中的思想观念;也有人认为商业文化是在商业领域与经济活动交织在一起的,具有商业行业特征的各种客观存在的物质、精神和生活方式的总和;等等。

通过对上述概念的归纳总结,笔者认为,商业文化是指人类在与商业相关联的活动中创造的物质财富和精神财富的总和。商业并非自古就有,当人类社会发展到一定阶段,出现了为交换而生产的产品和服务,商业才产生,由此形成商业文化,它贯穿商业发展的始终。

要清晰地理解这一概念,需要注意以下几点:

第一,商业文化必须存在于商业领域,与商业活动密切相关。

第二,商业文化涵盖人们在商业活动中所创造的所有物质成果和精神成果,也包括活动本身。因此,商品、服务、制度、技术、交易等都属于商业文化的组成部分,依法经营、童叟无欺、诚实守信等是商业文化的典型反映,是对商业活动整体上的认知和理解。

第三,商业文化现象存在于商业领域的物质、行为和精神因素之中,人在自觉或不自觉地表现着这些文化因素。文化是一种社会现象,商业文化是存在于商业领域的一种特殊的社会现象。它一经形成,就会成为一种外在的力量,客观地作用于整个商业活动,给商业领域的人和物打上深刻的烙印,或者影响商品的外在形式,或者影响商业的营销环境,或者影响商业的活动精神。在人的所有社会性商业活动中,都会体现出文化的特色和行为。

三、商业文化的特征

商业文化的本质特征是人类在商业活动中的文化表现,商业文化作为文化的一个分支具有以下特征:

(一)层次性

商业文化是一个多元素、多层次的综合体,商业主体的实践活动必然经历对客观世界的感性认知转化为理性认知的渐进过程。商业主体对客体不同层次的认知、把握,就创造出不同层次的商业文化。也就是说,商业文化既包括物质形态的文化,即商业主体创造的各种物质成果,也包括观念层次的文化,比如价值观念、道德标准、思维方式等。

(二)时代性

商业文化是历史发展的产物,不同的历史时代产生不同的商业文化,不同时代商业文化的演变构成商业文化发展的历史轨迹。因此,考察和研究商业文化,探索商业文化的发展轨迹和规律性,既要联系特定历史时期商业文化的特殊内涵和具体问题,又要对不同历史时期的时代背景及文化特征进行比较分析。

(三)民族性

文化往往是由有共同生活基础的组群创造的,民族群体成员间有着血缘的、生物的、地缘的联系,特别是在文化创造过程中形成的独特历史传统,诸如语言文字、价值取向、思维方式、民族心理等,使不同的民族具有鲜明的文化差异,正是这些民族差异和多样性构成了人类文明的民族性。

(四)多样性

商业文化的多样性主要表现在两个方面:一方面是指商业文化表现出民族性、地缘性、专业性等各方面的差异性;另一方面是指商业主体在商业活动中可以追求更多选择的多样性。差异化竞争是企业生存、持续发展的法宝,所谓人无我有、人有我优,企业如果不主动追求差异性,既失去了存在的理由,也失去了发展的基础。企业只有不断在产品、服务、管理中寻找差异,创造个性,实行个性化管理,才能形成企业特有的核心竞争力。从某种意义上说,企业成长模式的多样性和个性化追求,是现代企业成长和可持续发展的文化目标。

(五)传承性

文化的传承和延续是文化得以存在的重要条件。在商业文化的螺旋式发展中,各要素相互调节、弥补,在每一螺旋式发展阶段都需要选择一种相对稳定的凝聚结构被人们传承,以便发挥其历史和现实的功能。例如,白圭"人弃我取,人取我与"的经商理念就在商业发展过程中较为稳定地延续了下来。

(六)开放性

商业文化的开放性是指商业文化对其他文化元素的包容性和创新性。商业文化与社会经济发展呈正相关。生产力越发达,商业文化的开放程度越高。随着生产力的发展,商品交换的种类、规模、地域、对象不断扩大,逐渐突破旧有的限制。生产消费的国际化,使各国经济呈现出一种相互依赖的格局,形成了商业文化对外交流、对外开放的客观要求和客观环境。商品经济的发展,使人与人之间、区域与区域之间、民族与民族之间的关系都发生了变化。

四、商业文化的功能与作用

(一)商业文化的功能

作为在商业中产生,并引领商业发展的商业文化,其功能主要有:

第一,满足需要的功能。人类的物质和精神的需要是各式各样的,并且从低层次向高层次发展。商业文化是一种财富,它可以通过商品文化载体及商业活动载体满足商品生产者、经营者、消费者等各种不同群体的不同层次和程度的需要,从而调动人的积极性,促进商品经济的发展。

第二,经营管理的功能。商业文化在商业经营管理活动中起着导向、规范、凝聚、激励、调适等作用。比如可以利用商业文化调整商业人员的心理结构、文化素质;可以利用商业伦理、职业道德、制度文化对商业活动产生约束作用等。

第三,增值功能。商业文化是一种经济文化,在商业活动中能起到一种增值功能,也就是增加文化价值、创造文化的附加价值。比如对于企业来说,商业文化可以通过激励人的积极性、挖掘人的潜力,以扩大商业经济效益;对于消费者来说,商业文化可以通过提供优质的商品、优质的服务,来提高商品和服务的价值;对于合作伙伴来说,商业文化借助广告活动给商品生产者、经营者和合作者带来一定的社会及经济效益。同时,丰富的商业文化是商业经营单位生存、发展、经营成功的条件,也是创造财富、增加财富的资源。

第四,交流、辐射功能。商业文化对消费者、企业、市场、社会及国际环境起着交流、辐射作用,这是由商品交换的社会性、开放性决定的。当今世界,商品交换及文化交流都已超越地域、民族、国家的范围,不同的商业文化相互借鉴、相互促进,推动了商业和商业文化的发展。

第五,育人功能。商业文化的育人功能主要表现在三个方面:一是商业文化通过规章制度、企业文化来约束员工的行为,与企业价值观保持一致;二是商业文化通过激励员工劳动及服务,提高员工的商业文化素质;三是商业文化通过商业经营活动和服务,以良好道德风尚和商业素养,对顾客进行德、智、美及法律规范、商业文化知识等的宣传教育。

(二)商业文化的作用

商业文化对商业的引领和约束作用对于商品经济发展,乃至社会经济发展都有十分重要的作用。

第一,传承中华商道,提升商业经营者的素养。商道的本质就是人道,即商业经营者的个人素质不仅决定着自己的生存和发展,同样也关系到企业的兴衰。在中华五千多年的历史文化传承中,历代圣贤、商人通过实践总结、传承创新形成了中华商人的经商之道。比如商业文化中的为人之道、用人之道和经营之道对商人做人、经商等行为都有很好的指导作用,对规范和提升商人的素养产生了直接的影响,因此商业经营者只有不断提高自己的商业文化素养,深谙商道精髓,才能使企业长盛不衰。

第二,完善经营管理,增强核心竞争力。商业文化源于商业实践,又反作用于商业实践,商业实践受商业文化影响,又能验证商业文化的效果,二者相互作用、相互促进。一方面,商业文化为商业管理实践提供指导作用,如商品储运、销售、经营管理、分销、促销等经营行为均离不开理论对实践的指导,现代商业文化融合了商业经营理论,对商业管理产生指导作用;另一方面,商业的现代化发展又赋予了商业文化新内涵,形成了新形势下的商道,能指导企业生产经营的发展方向,提高企业核心竞争力。企业文化是商业文化的重要表现形式,良好的企业文化对企业的长远发展起着积极的引领作用。

第三,促进文化发展,建设社会文明。商业文化是我国文化的重要组成部分,是由全社会共同创造的。商品经济在漫长的发展过程中,不仅推动了自身的进步和完善,更促进了人类社会和文明的发展。在长期的经商过程中,我国人民创造了独具特色的商业文化,给我国商业打上了"中国"标签。商业文化通过物质渠道和精神渠道展现出来,与国家的宏观环境和微观环境相互作用,进而形成了商业文化独特的内涵,而商业文化的发展也在一定程度上丰富了社会文明建设,推动了整个社会文明的发展。

总体来说,商业文化的研究与其说是理论探索,不如说是对文化长期积淀的规律的总结。它把民族共有的优秀文化精神贯彻、熔铸到商业经济行为中,使之与现代商品经济有机地结合起来,从而生发出一种推动商业进步的文化动力。

五、商业文化的层次

商业文化作为社会经济文化的一个分支,包含了人类商业活动所积累起来的各种信念、价值观、风俗等。根据霍夫斯泰德的文化框架理论,文化由价值观和实践两个层面构成,价值观是企业文化的核心,而仪式和象征物等属于文化的实践层面。商业文化是一个包含外在表现和隐形价值观的一个体系。这个体系可以分为四个层次的子系统:商业物质文化、商业行为文化、商业制度文化、商业精神文化。

（一）商业物质文化，是商业文化的物质层

它直接体现在商品生产流通中的物质形式上，包括商品（服务）的物质载体、生产加工过程、创造和消费过程、生产加工环境、包装、商业设施、物流方式、交易过程及交易媒介等。物质是商业文化产生的基础，商业文化通过物质才能得以体现，如商场的形象需要通过商场的建筑和装饰来体现，商品的形象需要通过产品包装和产品外形等来体现。所以说商业文化的基础是物质，没有物质的形态和运动，商业文化就无从展现。

（二）商业行为文化，是商业文化的行为层

商业行为文化包括商业行为准则和行为规范，它是人们在日常商业活动中表现出来的特定行为方式和行为结果的积淀，人们的所作所为体现着人们的价值取向，受制度的约束和导向。行为文化突出体现在行为方式、习俗、交易方式、商务礼仪、沟通模式、惯例等各种行为规范上，也表现在不同商业文化圈的不同谈判风格上。与正式制度相比，行为文化属于非正式规范，虽不成文，但能够被文化圈内成员普遍理解。规范往往是社会中绝大多数人公认的规范，与价值观相比，行为规范是特殊、具体的。它受到具体情况的限制，通常被视为行动的指南，决定一个人在特定的情况下应该做什么、不应该做什么等。

（三）商业制度文化，是商业文化的制度层

商业制度文化是商业主体为了自身生存、社会发展而主动创制出来的有组织的规范体系，主要包括商事登记制度、市场准入制度、市场监管制度、企业产权制度、企业组织制度等。文化只有被认同时才有意义，而被认同必须依靠一套相关的制度规则。当制度体现为规则时，它必然反映文化的价值、精神和理念。从某种意义上说，没有文化价值的制度是不存在的，没有制度形式的文化也是不存在的。在商业文化整体结构中，组织成员依照共同的文化认同，遵循制度规范而共同行动，对违反制度规范的人会按规定惩罚。制度文化作为精神文化的载体，一方面塑造了商业行为的习惯和规范，另一方面也制约或主导了精神文化、物质文化乃至符号文化的变迁。制度文化的变迁经常会引发商业文化整体互动式的变迁。因此，文化的变迁也可以看成是一种制度文化的变迁。

（四）商业精神文化，是商业文化的精神层

商业精神文化包括信仰、价值观、心理特征、思维方式等。比如共享观念虽然不像商业制度一样直接通过利益奖惩机制引导商业文化的变化，却对整个商业文化有着静水潜流一般的深刻影响。从积极意义来说，共享观念塑造了人的思维方式，从而也塑造了组织的制度结构。不过，并非所有的共享观念都能塑造人的思维方式，这里所说的共享观念是被人选择接受的部分。这些共享观念是构成社会秩序的基础，也是人们讨论、争辩和思考其他问题的框架。一个民族的心理原型常常表现为长久形成的文化传统，具有相当强的韧性，很难改变，除非，当旧文化受到严峻的外部挑战时，带来观念革命，继而使得其他层面的商业文化随之变迁。

商业文化在物质、行为、制度和精神四个层面是相互影响、相互促进的。正是商业文化四个层面的相互作用，以及时代客观环境与商业文化的相互影响，构成了商业文化的产生、发展、交流、融合的演化机制,推进了商业文明的发展和社会文化的进步。

任务二　商业文化的发展历程

商业文化作为一种社会文化现象,伴随商品交换而产生,在商业发展过程中,经历了初创、发展和变异,内涵不断丰富,引导商业的发展方向。

一、重农抑商的小农社会传统

我国是人类种植业和养殖业的主要起源地之一,是最早从事农业生产的国家之一。在漫长的奴隶制时期,农业生产基本上实行的是奴隶大生产,进入春秋战国时期,尤其是战国时期,农业生产力显著提高,以家庭为基本生产单位的自给自足的农业经济得以确立,其与中央集权制度的确立相吻合。伴随着小农经济社会的确立和发展,商业政策经历了从以商补农到重农抑商的变化过程,在不同的历史阶段,也会有起伏和变化。

在奴隶制时期,商业被列为"九职"之一,目的在于通四方之珍宝,主要由奴隶主贵族掌控,并为他们的需要服务。《周礼·天官冢宰第一》中对九种职业是这样描写的:"以九职任万民,一曰三农,生九谷;二曰园圃,毓草木;三曰虞衡,作山泽之材;四曰薮牧,养蕃鸟兽;五曰百工,饬化八材;六曰商贾,阜通货贿;七曰嫔妇,化治丝枲;八曰臣妾,聚敛疏材;九曰闲民,无常职,转移执事。"此时商业被官府操纵,商人的地位很低。到了春秋时期,人们并不以经商为耻,涌现出子贡等大批著名商人,后世常用"陶朱事业、端木生涯"作为对商人的美誉。

春秋时期,私营商业已有所发展,形成官商、私商并存的局面。商鞅"重农抑商"思想之前,最有代表性的是管仲的以商补农思想。管仲是商人出身,生活在从奴隶制向封建制转化和过渡时代,也是小农经济开始形成的时代。齐国历史上地理位置优越,一直有重商的传统。尽管当时工商业所占比例很小,但管仲非常重视,认为:"负任担荷,服牛辂马,以周四方……以其所有,易其所无,买贱鬻贵。"管仲当政后,实施了官山海(盐铁实行专卖)、通轻重之权(国家参与贸易,平抑物价)、发展对外贸易和承认并保护私商等政策,提出了士农工商的"四民分业"论。虽然延续了西周时期"工商食官"的传统,但大力支持手工业、商业和对外贸易,促进了齐国的发展,也加强了各诸侯国之间的经济往来。

儒家、法家均主张重农抑商。荀子总结各家学说的得失,形成理法结合、王霸兼称的思想体系,是对儒学思想的发展。荀子虽然充分肯定商业在社会经济中的地位,把农、工、商并提,但他还是强调农业的首要作用,主张发展手工业和商业必须以不妨害农业发展为前提。"士大夫众则国贫,工商众则国贫……故田野县鄙者,财之本也。"所以他要"省商贾之数",主张适当限制工商业人数的过分膨胀,保证农业生产的发展。法家代表人物韩非受商鞅的影响,不仅主张重农抑商,而且重本抑末,末就是工商业。

秦始皇崇尚法家学说,认可其重农抑商的政策。所以他不仅主张重农抑商,还增添了不少抑商的新内容。比如贬低商人的地位,不准商贾立户,不给商人分田地房屋,还把商人发配去远征和戍边。

汉承秦制,汉高祖刘邦即位后就表示要抑商,甚至还颁布了贱商令。商人不能穿丝织衣服,不能携带兵器自卫,不能乘车骑马,不能做官,还增加商人税赋等。刘邦认为投机商乘战乱和灾荒之机囤积居奇,使物价暴涨,因此他的抑商偏重在政治上贬低商人,主要抑制的是那些投机商人和身份低下的中小商人,而对从事正常经营活动的富商大贾并未采取更多抑制政策。从此以后,重农抑商、重农轻商的思想始终占据古代社会的主流,尤其是在汉武帝独尊儒术之后。

从我国的自然和历史环境看,当农业经济体系建立以后,因为在小农经济生产力水平低下的条件下,农业稳定一定居于首位,所以重农抑商成为封建时期历朝历代的基本国策。在这种文化大背景下,虽然古代商业为社会发展做出过很大贡献,但始终未得到充分发展。只有当社会生产力达到一定水平,商品经济发展到一定阶段,重农抑商思想才会发生动摇。

二、政府主导与夹缝中的辉煌

随着私营商业的兴起和发展,春秋后期,"工商食官"制度解体。汉朝时,为了尽快恢复经济,休养生息,汉高祖刘邦虽然实行重农抑商政策,但民间工商业发展的环境还是相当宽松的,汉文帝对商人的态度更加宽容,连铸钱、冶铁、制盐这些关系到国计民生的产业也允许民间自由经营。商人社会地位虽然不高,但收入颇为丰厚。汉武帝继位以后,以文治武功取代休养生息。连年征战使国家财政入不敷出,为了扩大财政收入,一是对商人征收重税,二是实行官营工商业政策,以垄断的方式获取利润。汉武帝时期官营工商业主要对象是盐、铁、酒的专卖、均输、平准,政府直接主持商业活动,并把各地的商业活动联系在一起。

唐朝,官营工商业的主要对象是盐、酒、茶的专卖。宋代,盐、茶、酒、矾、香料等重要商品仍被官营垄断。盐的专卖有两种方式,一种是官鬻,即官府自设机构经营;另一种是通商,商人获得官府允许后,领盐售卖,是一种间接的专卖制度。茶的专卖实行官收商销的间接专卖制。北宋政府通过商品专卖政策获得了大量的收入,但由于富商势力强大,政府利益受到冲击,利润被很多大商人瓜分。

元朝,官营工商业范围较广,涉及盐、茶、酒、醋等产品。明朝官营工商业环境比元朝大为宽松。盐、茶仍然实行专卖,但放开了酒、醋、铁的专卖,允许私人酿酒销售,但是需要征税。盐、茶在延续元朝政策的基础上,新增了开中法,例如盐商按政府招商榜文要求,把粮食运到指定的边防地区,向政府换取盐引,凭盐引到指定盐场守候支盐,再把盐运到指定地区销售。到了清朝,商品专卖制度继续,但种类不多,如盐、茶等。除专卖以外,有许多是以官办形式出现的,比如江南的江宁、苏州、杭州三个制造局,景德镇的御窑厂,北京及各省的铸钱局等。

官营工商业能给国家带来稳定的财政收入,有其存在的必要性与合理性。封建经济是自然经济,工商业只是农业的补充。但官营工商业也有明显的局限性,如经常会出现质次价高、服务较差的情况,也容易造成官商勾结的局面,抑制民间工商业的发展,导致经济失去活力。

三、情感重于守约、变通长于规范的行为习惯

古代商人受社会环境影响,形成了重情感、善变通的行为习惯,主要特征如下。

(一)熟人社会,亲缘为本

我国是农业国家,农民与土地关联,聚村而居,人口的不流动性形成村落的熟人社会,给商业文化带来深刻的影响。

1. 做生意的长远预期

人们要世代生存在熟人社会中,因此在与他人的交往中,就要考虑长远的和谐发展,因而更倾向于诚信经商。

2. 做生意的用力方向

在生活环境无法选择的前提下,要想做好人,最现实的办法就是向内用力,通过改变自己来适应环境。"日久见人心"是熟人社会的行事准则。

3. 特殊主义的行动逻辑

熟人社会在对待自己人和外人时遵循着不同的规则。对于古代商人,只要是自己人,一切都可以商量;如果是外人,就公事公办,按程序和制度来。

(二)重义轻利,以诚立德

1. 义利统一

儒家学说讲究要考虑物质利益,但与道德相比,物质利益是次要的,要以义为重,义以生利。对于商人来说,商业活动的直接目的是物质利益,但义和利是辩证统一的,片面强调义或利,都是不正确的,商人应贯彻儒家重义轻利的思想,为了国家、民族、人民的利益不惜牺牲个人利益。虽为得利,仍可以诚信经营、童叟无欺的商人被称为"诚贾""义商";为了利,使用不道德甚至违法的手段的商人则被称为"奸商"。

2. 以诚立德

诚实是不说谎、不作假、不欺骗;守信是讲信用、讲信誉、守承诺。春秋时齐国的管仲早年和鲍叔牙一起经商,他认为:"是故非诚贾不得食于贾,非诚工不得食于工,非诚农不得食于农,非信士不得立于朝。"战国时的荀子认为:"夫诚者,君子之所守也。""商贾敦悫无诈,则商旅安,货通财,而国求给矣。"

四、不断改革以适应环境的商业文化要素

(一)商人及商业组织的发展

古代商业产生以后,起初商业依附于奴隶主。春秋战国时期,商人独立站在历史舞台上,涌现出范蠡、子贡、白圭、吕不韦、弦高等很多著名商人,民间自由中小商人也有了很大的发展。司马迁的《史记·货殖列传》中为春秋以来的三十多位大商人立传,赞扬商人的智慧和经营艺术。从总体上看,古代商业是由政府主导的,商人都是在夹缝中创造辉煌。大商人有时会通过与地主、官府的结合,壮大自己的势力,进一步获取高额利润,甚至出现商人、地主、官僚三位一体的格局。为了自保、开发市场、应对竞争等,商人之间也会联合,商帮会馆在商业历史上扮演了重要角色。

（二）市的变迁

市可追溯到神农氏时期，"日中为市"；颛顼时"祝融作市"；夏商时，市设于城内；西周时，已经开始重视城市的商业布局，并对市有一整套的管理制度。春秋时，出现了工商合一的前店后坊形式。直到宋朝，市和坊的界限被打破，城市的商业空间形态发生了革命性的变化，商业区开始分布在街道两旁，遍布全城，城郊和乡村的草市更加普遍。总体来说，商业交易空间由最初的市开始，逐步演进发展到今天的商业街区，由点发展到线，再到面，由单纯的物品交易，发展到对消费者的商品、服务、体验需求的全方位满足。

（三）金融业的发展

货币是所有者之间关于交换权的契约，是重要的商业要素。我国古代货币经过了由自然货币向人工货币的演变、由杂乱形状向统一形状的演变、由地方铸币向中央铸币的演变、由金属货币向纸币的演变。

唐代出现了柜坊和飞钱。柜坊是专营货币的存放和借贷组织，飞钱是异地取钱的一种汇兑方式。清朝出现了票号，这是一种金融信用机构，开始主要承揽汇兑业务，后来也承担存放款等业务。票号多为山西人开设，通过商业资本和金融资本的结合，晋商在当时商业格局中居于主导地位。

五、改革开放后商业文化的转型

改革开放以来，商业文化建设发生了历史性巨变和创新，在经济发展总量、产业规模、市场培育、城市化与区域协调等方面展现了政策对商业的影响。党的十一届三中全会以后，我国开始了先增量后存量、先体制外后体制内的渐进式改革开放。从农村到城市，调动、激发基层民众的活力；从"以市场换技术"到自主创新，提升独立研发能力和技术创新水平；从沿海到内地，分阶段、分层次推进对外开放；从经济到全局，构建合理并自我完善的机制；从速度到质量，实现经济转型发展，使人与自然和谐相处。

【拓展阅读】

我国货币发展历史

1. 上古至夏初时期，居民以部落形式存在，生产经济完全自给自足，以物易物换取其他部落特有或富足的产品，没有货币。

2. 商朝出现了较大规模且复杂的多项贸易，实物已无法满足交流，选择贵重的货物充当交易媒介，货币的雏形产生。贝类被商朝居民选择为货币。商朝中晚期由于青铜冶炼技术的进步，人们开始制作铜贝，开启了金属货币的先河。

3. 西周时期货币仍以海贝和铜贝为主。至春秋战国时期，由于各诸侯国的独立，各地区的经济、政治、文化和习俗不同，货币呈现多样化发展，但材质多以青铜为主。

4. 公元前221年，秦始皇统一六国，统一度量衡。为携带方便，铸造"半两钱"，全国一律推行圆形方孔币。古人称钱为"孔方兄"也是自此而始。这一货币形象一直延续到1909年宣统帝登基由宝泉局铸造一小批"宣统通宝"为止。

5.白银、黄金等贵重金属作为货币使用始自东汉,盛于唐朝。唐朝对外国际贸易的不断扩大,使金银成为国际货币。直至今日金银仍然有无法取代的货币功能。

6.宋朝出现了纸质货币"交子",其是信用货币的开端。明清两代盛行的银票由钱庄作保发行,用于大规模贸易及资金的调动,本质与现代的银行支票类似。

7.零散白银作为货币的地位在18世纪国外"银洋"流入时受到冲击,因为零散白银在交易时需要称重、鉴别成色,远不如"银洋"方便。19世纪末期我国流通的各国"银洋"已经有11种之多。1889年张之洞于广东钱局制造我国第一款银洋,称为"龙洋"。

8.我国的纸币流行是在中华人民共和国成立以后,稳定的政府才有能力发行稳定的信用货币。

9.进入互联网时代,人们已经不需要持有大量纸币,电子钱包的使用开启了电子货币的新时代。货币的价值不但取决于发行单位的信用、发行量,还取决于社会物质的丰富程度,货币本身没有价值,它只是一种媒介。

【测试与思考】

一、单选题

1.以下说法错误的是(　　)。
　A.商业行为不以营利为目的
　B.经营商业的主体具有独立的经济地位
　C.商品买卖业务完全专业化
　D.商业流通中的货币资金相对独立,并有运动规律性

2.城市里挑担子卖馒头的小贩被称为(　　)。
　A.行商　　　　B.坐商　　　　C.牙商　　　　D.商帮

3.商品交换发展到一定阶段,从商品中分离出来的固定地充当一般等价物的商品被称为(　　)。
　A.黄金　　　　B.绵羊　　　　C.货币　　　　D.海贝

4.(　　)是全世界第一个烧出瓷器的国家。
　A.德国　　　　B.英国　　　　C.奥地利　　　D.中国

5.(　　)被称为"华商之都""三商之源"?
　A.洛阳　　　　B.商丘　　　　C.长安　　　　D.北京

6.中国最早的汇兑业务是(　　)。
　A.飞钱　　　　B.柜坊　　　　C.邸店　　　　D.瓦肆

7.在中国古代农业经济条件下,(　　)是必然选择。
　A.以商为先　　B.重农重商　　C.禁止经商　　D.重农抑商

8.关于文化的作用,以下说法错误的是(　　)。
　A.文化具有传递文明的作用
　B.文化具有规范人的行为的作用
　C.文化具有凝聚社会力量的作用
　D.文化具有决定社会经济的作用

9. 商业文化是人类在商业活动中所创造的物质财富和精神财富的总和。对于这个概念，理解不正确的是（　　）。
   A. 商业文化必须存在于商业领域
   B. 商业文化涵盖人们在商业活动中所创造的所有物质成果和精神成果
   C. 假冒伪劣、欺行霸市是不道德的，因此不是商业文化
   D. 人们都在自觉或不自觉地表现商业文化因素
10. 对消费者、企业、市场、社会以及国际环境所产生的交流、辐射作用属于商业文化的（　　）功能。
    A. 满足需要　　　B. 经营管理　　　C. 价值　　　D. 交流辐射

二、案例分析题

白圭经商

白圭的出生地洛阳自古商业就很发达，洛阳人善为商贾，致力于发展商业和手工业。到了战国时期，经商已经成为洛阳人的重要职业。洛阳商人大多做珠宝生意，这是当年最赚钱的行当。白圭没有跟风，而是另辟蹊径，从事农副产品的大宗贸易，包括农产品、农村手工业原料等。他的经营策略主要是从李悝的"变法改革"中得到的启示：农业生产迅速发展，农副产品的经营将会成为利润丰厚的行业。

白圭学习陶朱公范蠡和计然的策略以及《孙子兵法》等，将其用于商业实践，总结出了自己的理论体系和经商法则。他认为："吾治生产，犹伊尹、吕尚之谋，孙吴用兵，商鞅行法是也。是故其智不足与权变，勇不足以决断，仁不能以取予，强不能有所守，虽欲学吾术，终不告之矣。""智"就是通权变、观时变、出奇制胜；"勇"就是善决断，有决心和魄力；"仁"就是善用取予之道，即"人弃我取，人取我与"，不求暴利，做一个"诚贾"与"良商"；"强"是要有耐心，坚忍不拔，善于等待和对抗打击、压力。他认为经商需要大智大勇，更要有仁义之心，这和治国统兵的要求一样。

请思考：
1. 你从白圭经商的经历中能够获得哪些创业启迪？
2. 白圭被后世商人奉为行业祖师爷，他的经营思想对今天的经营者具有哪些指导意义？

【实训安排】

一个苹果的前世今生

一、实训目标

1. 了解商品的属性。
2. 加深对商业的认知。
3. 认清商业文化与商业的关系。

二、实训内容

观看下图,思考并与小组成员讨论,一个苹果在什么情况下可以被称为商品?如果成了商品,它就有了自己的价值和价格,为什么不同形态的苹果价值和价格不同,商业文化能赋予它什么价值?你会如何赋予它价值,从而提升经营的利润?

图1.2　长在路边的苹果

图1.3　采摘下来的苹果

图1.4　加工后的苹果片

图1.5　包装后的苹果片

图1.6　被咬了一口的苹果

图1.7　苹果产品的LOGO

三、实训要求

能说清物品成为商品的条件,如何通过经营商品获利,以及怎样使它具有更大的商业价值。提出创新的观点,且观点切合实际。

四、实训成果

学生通过小组讨论形成报告并汇报。

五、评价标准

根据实训成果,进行"优、良、中、及格、不及格"打分。

模块二 商业文化的载体

【素质目标】

◎具备一定的商业意识,能客观地分析商业的价值。

◎培养较强的学习能力,激发创新意识和创新欲望。

【知识目标】

◎了解我国历代著名商人的商业理论、商业思想和商业模式。

◎了解我国国内贸易和对外贸易的重要通道,了解著名商业事件,学习商业智慧。

【能力目标】

◎能够根据商业事件的表象辨析商业逻辑、商业策略。

◎能够厘清著名商人的商业理念和商业模式,为企业的经营管理提出改进方案。

【模块导读】

商业文化表现为精神文化、制度文化、物质文化、行为文化等形式,不论是哪种形式,它们都需要通过载体呈现出来。我国是世界上最早产生商业的国家之一,在商业经营活动中,商业文化逐渐形成,并通过商品、商人、商路、商战等具体形式表现出来。本模块旨在让学习者了解商业文化的载体,加深对商业文化的理解,构建商业意识。

单元一 商 品

任务一 商品的内涵

一、商品的含义

商品是用来交换的劳动产品,是为了出售而生产的劳动成果。它是社会发展到一定阶段的产物,存在于一定的历史范畴中。

原始社会初期,生产力水平极为低下,人类生产的东西如同他们不足以蔽体的外衣,仅能勉强维持生存,剩余物品无从谈起。到了夏朝,商部落第七任首领王亥积极发展农牧业,使得商部落强大起来。王亥在商丘服牛驯马发展生产,用牛车拉着货物到其他部落进行交易,开创了中华商业贸易的先河,久而久之,人们就把从事贸易活动的商部落人称为"商人",把用于交换的物品叫作"商品",把商人从事的职业叫作"商业"。

据《尚书·禹贡》所记,天下分为九州——冀、兖、青、徐、扬、荆、豫、梁、雍,并且"相地宜所有以贡"。规定各州以定量的方物土产经各条水道向王都入贡。因此,"贡"是一种特殊意义的交换方式。物物交换还曾作为政治斗争的"武器"之一——汤采用伊尹的策略用"文绣纂组"(就是精美的织锦)交换夏的大量粮食,用以削弱对方的实力。从一开始的单纯需求,到强弱部落间的不平等交换,再到部落内部因为交换关系的发展而出现的"各司其职"——社会分工和私有制应运而生。社会生产进一步发展,社会分工进一步扩大,交换也更加广泛,而且很大程度上一些产品是为了交换而生产,因此货真价实的"商品"出现了。

二、商品的特征

任何社会经济形态中的商品,都是使用价值和价值的矛盾统一体,一种具有使用价值的劳动产品,如果只是用来满足商品生产者自己的需要,或只是无偿地交付给别人使用,都不能成为商品;只有通过商品交换把商品卖出去,才能使商品生产者实现商品的价值,使消费者得到使用价值。

第一,作为商品,首先必须是劳动产品。比如,自然界中的空气、阳光等,虽然为人类生活所必需,但都不是劳动产品,所以它们不能叫作商品。

第二,作为商品,还必须用于交换。比如在古代,传统的男耕女织式的家庭生产,种出来的粮食和织出来的布,尽管都是劳动产品,但只是供家庭成员自己使用,并不是用来与他人交换的,因而也不是商品。

三、商品的作用

商品是社会发展的必然产物,它的出现为人类社会的进步和发展提供了必要的物质条件和发展环境,满足了人类生活的种种需求。它体现了经济的发展形势,甚至反映了生活的每个方面,每一个物品的价值都能通过商品直接或间接地反映出来,每一个国家和民族的文化都在商品上留有痕迹。

第一,商品交易的作用不仅表现在对国民经济的贡献上,它对孕育市场关系、完善市场机制及解决劳动力就业问题均有重要作用。商品流通业与经济发展呈正相关关系,商品流通的发展是推动经济发展的根本原因。

第二,商品频繁流通推动了工艺的发展和完善,质与量的不断提升加快了远方对于名产的渴求。茶、瓷器、丝绸、中药材,这些作为中国的"名片"流芳各国,同时,漆器、陶器、铁器等的精工细作也诠释了商品流通过程中的"大国工匠"精神。

第三,商品流通可以满足不同国家、地域、行业等的人群需要,为人们从事科学、艺术、卫生、体育等方面的活动及享受提供了极大的便利条件,提高了人们的生活水平和幸福感,加快了社会主义精神文明建设的进程,也大大促进了不同文化的传播和繁荣。

任务二 我国商品代表

一、丝绸

我国是世界上最早利用蚕丝的国家,上古传说中,黄帝的妻子嫘祖发现蚕茧壳上可以抽出丝来,就用热水浸泡蚕茧,把抽出的丝织成了丝绸。丝绸以穿着舒适、透气性好、抗紫外线的保健功能著称,作为室内装饰还有吸音、吸尘、阻燃作用,数千年来备受推崇。在汉朝时,丝绸传入欧洲,成为欧洲贵族的奢侈品,价格堪比黄金。

丝绸是中华文明的重要标志之一,与我国的礼仪制度、文化艺术、风土民俗、科学技术等有极大的关联。丝织品的形制色彩、质地花纹都有明文规定,可以说,我国古代服饰是"分尊卑、别贵贱"的礼仪制度工具之一,是封建宗法制度的物化表现。帝王用丝绸彰显皇家权威;百官用丝绸标识身份等级;文人墨客在丝绸制成的绢帛上题诗作画;百姓祈求蚕丝丰产;朝廷下达课劝蚕桑的政令,并以此来评价地方官员的政绩。在很长时间里,丝绸并不仅仅是一种昂贵的服装原料,还承担着重要的货币功能,封赏给有功劳的人,支付戍卒的薪水,购买马匹等大宗商品等。

我国的丝绸在对外贸易发展中起着十分重要的作用。自先秦时代,我国的丝绸就传入了西方,成为中西贸易的主要商品。到了秦汉时期,丝绸贸易和输出达到空前的繁荣,形成了陆、海多条商路,统称"丝绸之路",极大地推动了我国内地与边疆、东西邻邦的经济、文化、技术等交流的进一步深化。因而,丝绸是贯穿各朝代时间序列和中外各国各地区空间的商业文化产物,不但记录了勤劳智慧的中国人民生产技术的不断发展和进步,更促进了中国与世界各地文化经济的交流与发展。

二、瓷器

我国被誉为瓷之国,是全世界第一个烧出瓷器的国家。可以说,我国发展史中的一个重要组成部分是陶瓷发展史,中国人在科学技术上的成果以及对美的追求与塑造,在许多方面都是通过陶瓷制作来体现的。

进入中世纪后,伴随着瓷器的外销,我国开始以"瓷国"享誉于世。英国考古学家惠勒曾说:"10世纪以后的坦葛尼喀地下埋藏的历史,是用中国瓷器写成的。"在英文中"瓷器(china)"与"中国(China)"为同一词,充分说明中国瓷器的精美绝伦完全可以作为中国的代表。从8世纪末开始,我国陶瓷开始向外输出。经晚唐五代到宋初,达到了一个高潮。宋人赵汝适撰写的《诸蕃志》,记录当时有近20个国家与中国交易瓷器。宋元到明初是中国瓷输出的第二个阶段,外销瓷器输往的国家遍布亚欧非各洲。明代郑和开辟了横渡印度洋通往非洲东海岸的航路,中国瓷器行销范围更广了。明朝中晚期至清初的两百余年是中国瓷器外销的黄金时期,17世纪每年输出约20万件,18世纪最多时每年约达百万件。输出的国家和地区有东亚的朝鲜半岛和日本、东南亚及欧美诸国。17和18世纪,中国瓷器通过海路行销全世界,成为世界性的商品。

瓷器在国外盛行的同时,我国的制瓷技术也随之传播。同时,我国也学习两河流域的低温彩釉技术和烧制琉璃的技术,创造了新的陶瓷品种。由于瓷器的高额利润,欧洲各国都加紧了陶瓷的研制。1794年,英国人发明了骨瓷,在瓷胎中加入骨粉使其更为轻巧细腻、坚韧致密。

【拓展阅读】

"南海一号"还原了800年前南宋繁华的贸易盛况

"南海一号"是南宋初期一艘通过海上丝绸之路向外运送瓷器时失事沉没的木质古沉船,沉没地点位于我国广东省,是迄今为止世界上发现的海上沉船中年代最早、船体最大、保存最完整的远洋贸易商船,它复原了海上丝绸之路的历史、陶瓷史,打捞出了不少价值连城的国宝级文物。

其中出水的数千件完整瓷器中,汇集了德化窑、磁灶窑、景德镇、龙泉窑等宋朝著名窑口的陶瓷精品,品种超过30种。很多瓷器极具异域风格,被认为是宋朝接受海外订货"来样加工"的产品。由此可见,宋瓷的光芒远播海外,中外文化交流、融合达到了相当高的程度。

三、茶叶

中国茶在中国文明历史长河中发挥着独特的作用。饮茶之习可追溯到先秦时期,主要为药用,相传神农尝百草,遇毒得茶而解。在文化的起源上,茶和其他植物一样,归结于神农氏。武王伐纣时,茶叶便已成为贡品。西汉时的"烹茶尽具、武阳买茶"说明四川一带已经把茶叶作为流通商品,"买"字正体现了茶叶的商用价值。由于对战马的需要,茶还被商人贩运到西南边疆茶马互市,进而被带到了日本、印度、波斯和非洲等国家和地区,茶马古道就此繁荣起来。至唐朝中期,饮茶之风风靡全国,各个产茶地开始大规模专业化生产。此时兴起茶马法,即以内地出产的茶业与塞外少数民族交换马匹的制度,在此后的历朝历代得以沿用,直至乾隆元年才告终。

中国人饮茶注重一个"品"字。凡来了客人,沏茶、敬茶的礼仪是必不可少的。茶道创始人陆羽撰写的《茶经》是中国乃至世界现存最早、最完整、最全面介绍茶的专著,被誉为"茶叶百科全书",包含茶叶生产的历史、源流、现状、生产技术以及饮茶技艺,将普通茶事升格为一种美妙的文化艺能,推动了中国茶文化的发展。

唐朝中期,官府对茶实行征税、管制和专卖等措施,到唐后期,茶税日益加重,"天下税茶,增倍贞元",因此茶税成为仅次于盐税的重要税种之一。面对越来越多的私茶,官府予以重罚,但仍无法禁止,可见当时茶的市场之大无法想象。宋朝完善了贡茶制度,皇室还创造了斗茶,制定出严格而统一的斗茶标准。贡茶奉予皇室,散茶满足众生百姓。散茶制作简单、携带方便、茶道多样,使得茶在城镇间大规模普及,并形成了特有的茶俗文化,真正融入了普通老百姓的生活。明朝改良和简化了茶道程序和烹煮工具,在一定程度上带动了制陶业的发展。郑和七次下西洋,远及南亚、印度洋、非洲东海岸、红海沿岸等海域的国家,促进了世界范围内茶的交流与发展。清朝是现代茶道的先端,同时清朝茶业的国际贸易日趋频繁,茶业真正走出中国,风靡世界。中华人民共和国成立后,我国茶叶生产恢复发展,在政府支持和重视下,大力恢复旧茶园,建立新茶园,改进新品种,推行科学种茶,茶叶经济走上稳定发展之路。

四、漆器

用生漆涂在各种器物的表面上所制成的日常器具及工艺品、美术品等,一般称为漆器。漆器是我国古代在化学工艺及工艺美术方面的重要发明。人们将从漆树上割取的天然液汁作为涂料,使器具具有防水、耐高温、耐腐蚀等特殊功能,漆器颜色绚丽、工艺精湛,成为实用、美观的艺术品。

从新石器时代起,中国人就认识了漆的性能并用以制作器具。夏朝之后,漆器逐渐流行,品种也逐渐增多。战国时期,漆器的生产规模不断扩大,成为国家的重要经济来源,并设有专门人员进行管理。庄子年轻时就曾做过管理漆业的小官。汉朝是漆器发展的鼎盛时期。汉朝的漆器以红黑为主色调,品种更加多样,像耳环、唾壶、匣案、棋盘等均为精美的漆器作品。同时出现了很多创新的工艺,如多彩、铜扣、镶嵌、堆漆、玳瑁片等装饰手法,使得做工更加精美。至唐朝,漆器工艺达到了空前的水平,镂刻錾凿,精妙绝伦,与漆工艺相结合,成为代表唐代风格的一种工艺品,剔红漆器在唐朝也已出现。唐朝时期人们将漆的工艺与雕塑相结合,创造出很多雕像的艺术作品,为后世惊叹。明清时期,对外交流和贸易日益频繁,将物品出口的同时,一些阿拉伯和欧洲的工艺也被引进来。这一时期,漆器工艺与建筑、家具、陈设相辅相成,实现了由实用向陈设装饰领域的发展。现代漆器工艺生产主要分布于北京、江苏、扬州、上海、重庆、福建、山西平遥、贵州大方、甘肃天水、江西宜春、陕西凤翔等地。

我国的漆器,从出现历经商周到明清直至近代,工艺不断发展,元素更加多样,手法更加细腻,艺术价值也不断超越,漆器发展达到了相当高的水平。我国的炝金、描金等工艺品,对日本等国有深远影响。可以说我国漆器的发展,带动了经济和文化的进步,同时对于中西不同民族间的交流起到了重要的桥梁纽带作用。

五、中药材

我国中药材的起源可追溯到原始社会时期。《帝王世纪》中提到"(伏羲氏)乃尝味百药而制九针,以拯夭枉焉",《史记纲鉴》中写道"神农尝百草,始有医药"。这一时期,先民们对动植物进行甄别,避免中毒,同时对动植物的治病效果加以利用,积累形成早期的药物疗法。秦汉时期的中医典籍《黄帝内经》,系统论述了人的生理、病理、疾病,以及"治未病"和疾病治疗的原则及方法,确立了中医学的思维模式,标志着从单纯的临床经验积累发展到了系统理论总结阶段,形成了中医药理论体系和框架。东汉时期的《神农本草经》是我国现存最早的本草著作,为中药学理论体系的形成与发展奠定了基础。唐朝孙思邈的《大医精诚》,体现了中医对医道精微、心怀至诚、言行诚谨的追求,是中华民族高尚的道德情操和卓越的文明智慧在中医药中的集中体现,是中医药文化的核心价值理念。明朝,李时珍的《本草纲目》在世界上首次对药用植物进行了科学分类,创新发展了中药学的理论和实践,是一部药物学和博物学巨著。清朝中期以来,随着西方医学的传入,一些学者开始探索中西医药学的汇通、融合。直至今日,中医药仍然发挥着十分重要的治病救人的作用。

中药材经营是中药发展到一定历史阶段的产物。《后汉书》中有关名医进山采药和到市场上行医"悬壶"(悬挂装药的葫芦)卖药的记载,反映了当时正处于医、药一家的历史发展阶段,中药材已开始作为商品进入市场。同时还有些商人贩运大黄等药材沿丝绸之路到阿拉伯和欧洲进行交换。到唐、宋时,有扬州、祁州等药市的记述,宋朝已是官营和民营两种体系并存,明朝以后的安国(祁州)、樟树、百泉及禹县是著名的四大药市。我国与朝鲜、日本、东南亚诸国和阿拉伯国家的医药交流可追溯到公元5世纪到8世纪。同时这些国家的药物也流入我国市场。中药文化作为中华传统文化的重要部分,广泛渗透于社会生活中的各个方面,并将为全人类做出更为重要的贡献。

单元二 商 人

任务一 古代著名商人及文化特征

一、古代著名商人代表

(一)商人始祖——王亥

王亥,姓子,名振,阏伯的六世孙,商部落的第七任首领,甲骨卜辞中称为"高祖亥"或"高祖王亥"。

甲骨文中王亥的"亥"字(图2.1),都加了"鸟"或"隹"字,商人以鸟为图腾,说明了王亥在后代人心目中的地位。

图2.1 甲骨文中的"亥"字

王亥是世界历史上有文字记载以来的商业始祖。《世本·作篇》记载,"相土作乘马""胲(亥)作服牛"。说的是相土驯服了马以"致远",王亥驯服了牛以"引重"。发明牛车用来装载货物,是王亥的一大贡献,也使长途跋涉的商业行为成为可能。王亥和他的商族人驾着牛车,驮着货物在各部落间穿梭往来,互通有无。这种行为目的性明确,形成了固定的交换模式。

王亥从无到有发明了商业模式,使商部落迅速强大起来,所以王亥在商朝人的心目中有极高的地位。他的功绩主要表现为:为商立心,赋予商业活动以独立自主的地位;为商立名,为商人形象的树立和传播带来了广泛而深刻的影响;为商立德,为商人的行为规范树立了诚实守信的典范。

(二)商业哲学启蒙者——计然

计然,姓辛,字子文,号称渔父,是春秋时期著名的战略家、思想家和经济学家。计然并不是其真实姓名,而是取善于计算运筹的意思。据说他是老子的弟子,博学多才,无所不通,尤其擅长计算。《史记·货殖列传》中说,范蠡曾拜计然为师,他教给范蠡"贵流通""尚平均""戒滞停"等七策。

计然的主要商业思想如下。

1. 论其有余不足,则知贵贱

要遵循商品经济中的物价规律,即货物价格的涨跌要看货物的供求关系。"有余"就是"供过于求","不足"就是"供不应求"。供过于求则价格必落,反之则价格必涨。

2. 贵上极则反贱,贱下极则反贵

要以辩证的思想去观察物价涨落的奥秘。涨价的货物,涨到一定程度,就会向其相反的方向发展,反之亦然。

3. 贱买贵卖,加速周转

要注意掌握市场变化的趋势,强调根据需求变化确定价格,在货物价格低廉时买进,在价格高涨时卖出,加速资金的周转。

4. 贵出如粪土,贱取如珠玉

商人既要明白物以稀为贵和物极必反等规律,更要善于运用这些规律大胆地做出决断。当货物极贵之时,要当机立断,尽可能地抛出;当货物极贱时,要尽可能地购进。

5. 旱则资舟,水则资车

把握适当时机,以低廉的价格买入别人暂时不需要的东西。如出现旱灾时可以用很便宜的价格买入别人不需要的船只,等到出现水灾时再高价卖出。在出现洪涝灾害时购买车辆也是同样的道理。

(三)"士农工商"提出者——管仲

管仲,春秋时期齐国(今安徽颍上)人,著名的经济学家、政治家。管仲是主张把百姓按职业划分为"士农工商"四种类别进行管理的第一人。虽然管仲在划分职业的时候,没有贵贱之分,但后世统治者却把"士农工商"的排序加以固定化,作为统治阶级治理民众的手段,直接影响到我国两千多年的经济形态和商人的社会地位。

管仲所处的齐国是以商业兴国的,所以管仲具有商人的精明。他早年经商多次失败,但他提出的"盐铁专卖"经济策略,对后世政权所采取的经济政策产生了根本性的影响,造就了政商结合的基础。管仲的治国手段很多,他把富民放在重要的位置上,并十分重视工商业。在他看来,如果没有市场,百姓的生活就不会丰富多彩,因此农、工、商各行业必须兼顾。他也是历史上较早认识到物质对人的礼仪修养和社会风气有影响的人。通过一系列经济政策的实施,管仲辅佐齐桓公成为春秋时期第一个霸主。

(四)商圣——范蠡

范蠡,字少伯,春秋时期楚国宛地三户邑(今河南淅川)人,后人尊称其为"商圣"和"文财神"。

范蠡在帮助越国消灭吴国,完成复仇大计之后就悄然离开。到齐国后,化名鸱夷子皮,后来又到鲁国的定陶,被人称为"陶朱公"。经商的十九年中,他三致千金,又三散家财去帮助贫困的人们,司马迁赞誉他"富好行其德者"。在范蠡看来,"散"与"聚"从字面上来说是相对的,但从商业的本质上来说是一致的。对于社会财富,每个人都可以靠自己的努力去获取,但是把所有的财富都聚集到自己手里,就会造成社会财富失衡,就会引发一系列社会问题。社会动荡不安,个人的财富再多也守不住。这可以说是"以商业和谐促进社会和谐"的重要商业哲学思想。

范蠡的经商之道可以总结为:把握行情,"人取我与";让货等人,待乏贸易;诚信经商,"不求暴利";因地制宜,多种经营;注重质量,不图侥幸;埋头苦干,劳动致富;尽散其财,富好行德。战国时期,白圭受范蠡薄利多销的影响,从实践中总结出"欲长钱,取下谷"的经验。范蠡的经商思想,不仅影响了春秋列国,而且其影响一直延续到后代及至今日。比如他对物价涨跌应有一个合理幅度的主张及由此而提出的由国家规定粮食价格的政策;在商品的生产和经营中,提倡的名牌战略;薄利多销的战略;等等,在今天仍然适用。

(五)儒商鼻祖——子贡

子贡,春秋末期卫国(今河南鹤壁)人,复姓端木,字子贡,孔子三大高徒之一。子贡善于雄辩,有才干,办事通达,曾任鲁国、卫国的丞相,还善于经商,是孔子弟子中的首富,被孔子称为"瑚琏之器"。"端木遗风"就是指子贡遗留下来的"君子爱财,取之有道"的风气,国君们也都与他行平等的礼节,说明了子贡这一儒商的显贵地位。

受孔子学说的影响,子贡在儒生明"义"和商人求"利"这两种不同的价值观之间进行学以致用的实践。己所不欲,勿施于人;内儒外商,为富当仁。子贡达到了亦官亦商,亦儒亦商的最高境界,成为儒商鼻祖,也是我国历史上的第一个"通人"。他的经商之道在于:热爱学习,融会贯通;善于沟通,头脑灵活;重情重义,讲究诚信;关注市场,经营有道。

孔子去世后,子贡守墓六年,之后把孔子的儒家学说发扬光大。他的伟大之处在于"使仁入商",以"货殖来济世",通过"商道"来实现"仁道"并传播"仁"。子贡的经商之道兼顾了义利,后世称之为"儒商鼻祖",其与范蠡并称为"陶朱事业,端木生涯"。

二、商业初始理论形成

我国商业发展早于西方,商业理论的形成也远远早于西方。我国早在先秦时期就出现了大批像计然、范蠡、子贡、白圭、吕不韦这样的巨商大贾,也产生了流传千古、至今适用的商业思想。

管仲提出了"以商兴国",即依靠发展经济来强大国力、实现富强的主张。白圭的经商八字真经"人弃我取,人取我与"等,都远远早于西方,对后世产生了极大的影响。范蠡独具特色的"散财"哲学,可以说是我国影响极深的"以商业和谐促进社会和谐"的重要商业哲学思想。然而历史并没有按照这个节奏继续发展,而是在封建社会后走上了重农抑商的道路。

古代中国,以农业为本,把"重农抑商"作为治国方略,商业经济未得到自由发展。尽管如此,中国人民在长达几千年的商业实践中,还是积累了富有民族特色的商业文化,如爱国守法、重义轻利、诚实守信、克勤克俭、高瞻远瞩、重视人才等具有经典意义的商业道德观念和商业经营思想。

一切文化都有历史的传承性,我国古代优秀的商业文化一直伴随着商业发展,在今天社会主义的商业实践中得到了合理的继承和发展。

(一) 商业发展之道——以商报国

"以商报国",是指将个人的追求与振兴民族的伟大事业联系在一起,将个人使命融入民族使命,如《左传》记载,春秋时期郑国商人弦高和奚施经营长途贸易,路遇秦军偷袭郑国。弦高急国家之所急,一面叫奚施火速回郑国告急,一面冒充郑国使臣,以私有的玉璧和十二头牛去犒劳秦军。郑国接报后有了充分准备,秦国只好撤兵。

当财富不再仅仅作为个人的终极目标,还能够为国家、社会做出贡献时,商人的个人价值也随之最大化。这种"以商报国"的"商之大道"历经千古,经久不息,成为一代代商人的永恒追求。

(二) 商业和谐之道——以义制利

以义制利,即以道德来约束功利,要求商人首先是"道德人",其次才是"功利人";既肯定人的趋利避害,又肯定人自我超越的高级智慧。如《魏书·赵柔传》记载,一天赵柔与儿子一起上市卖犁,与一顾客议定换绢二十匹,顾客回住处取绢时,另一顾客愿意用绢三十匹换犁,赵柔的儿子喜出望外,以为可以轻而易举地多赚十匹绢,而赵柔却坚决谢绝,他说:"与人交易,一言便定,岂可以利动心也。"

不管是儒家文化,还是道家文化,都将实现个人的和谐、社会的和谐、国家的和谐作为追求的目标。商业文化也是如此。要实现商业的和谐,一条最简单、最有效的途径就是人们对自我欲望的控制。商业虽然源于人的欲望天性,但欲望如水,如果不加控制,就会流向低的地方,蓄积多了,就会泛滥成灾。

(三) 商业长青之道——天下共利

天下共利就是不再把财富作为个人追逐的猎物,而是为社会理财,不仅将经商作为一种生存手段,更作为实现个人价值的一种社会事业。

天下共利,就是"共同富裕",这也是我国实行改革开放的一个目标。只有让自己的个人财富与全社会的大财富融合在一起,让财富为全民所用,才能做到取之不尽,用之不竭。

任务二 近代著名商人及文化特征

一、近代著名商人代表

（一）真不二价——胡雪岩

胡雪岩,安徽绩溪人,清朝著名徽商,被鲁迅誉为中国封建社会的最后一位商人。胡雪岩成为清朝富商大贾,完美诠释了"世事洞明皆学问,人情练达即文章"的为人处世之道。他善于取势,先取人势,再取商势,利自然而来。后人有言,为官当学"曾国藩",为商要学"胡雪岩"。

胡雪岩从钱庄学徒起步,经营生丝、典当行,开办药店,在杭州设立银号。赚得巨额财富后,胡雪岩上忧国,协助左宗棠西征、创办福州船政局;下忧民,善扶贫困之民,于清同治十三年(1874年)创建胡庆余堂(图2.2)国药号,开店宗旨是济世救人。除了为百姓谋福利,军需送药也是它经营药号的目标,所以曾国藩曾说:"胡氏为国之忠,不下于我。"胡庆余堂始终秉承"戒欺"祖训、"真不二价"的经营方针,被誉为"江南药王",与北京同仁堂和广州陈李济一起流传至今。

图2.2　中华老字号——胡庆余堂

(二)汇通天下——乔致庸

《晋商兴盛溯源》中记录过这样一段话,1888年,英国汇丰银行一位经理在评论山西票号、钱庄经营者时说:"我不知道我能相信世界上任何地方的人像我相信中国商人或钱庄经营者那样……这25年来,汇丰银行与上海的中国人(晋商)做了大宗交易,数目达几亿两之巨,但我们从没有遇到一个骗人的中国人。"这是近代晋商的一个集体缩影与写照。

乔致庸,山西祁县人,清朝著名晋商,乔家第三代掌门人。祖父乔贵发早年寄人篱下,被迫背井离乡走西口,靠"世上三般没奈何,赶车下夜拉骆驼"积累了财富,创立了"广盛公",奠定了乔家大院辉煌的根基。乔全美继承父业,改名号为"复盛公",把"慎待相与"的做人与为商之道写进了商号规则中,直接影响了后来乔致庸处理与商业往来对象的关系。在他的经营下,乔家在包头的营利成倍增长,带动了包头经济的发展,基本上垄断了包头商业市场,故包头有"先有复字号,后有包头城"的说法,至此开启了乔家最辉煌的历史。光绪十年(1884年),有"亮财主"之称的乔致庸看准时机,果断发展票号业务,创立汇通天下的大德通、大德恒票号,用"酌盈剂虚,抽疲转快"的方法运转资金,实现了汇通天下的目的。

(三)豫商传奇——康百万家族

明、清时期,康百万、沈万三、阮子兰被称为三大"活财神",印有三人头像的财神年画于20世纪80年代在山东日照被发现。康百万家族是明清以来对康应魁家族的统称,前后共缔造了400多年的商业家族传奇。康百万家族创立基业开始于第六代传人康绍敬,他在盐业领域担任要职,走上发家之路。康家第十二代传人康大勇弃文从商,自造大船,组建团队,做起水陆运输生意,开启了康百万家族几百年的盛世。康家第十四代传人康应魁,把家族生意发展至顶峰,获得了长达十年之久的布匹与棉花军需供应单,开创了"富甲三省,船行六河"的财富格局,奠定了康百万家族的历史地位。在赚到巨额利润后,政局的动荡和商人的敏锐让康应魁认识到,钱财易流失,土地才是发财致富的根本,于是康应魁开始大量购置土地。

晚清时期,康家已经呈现没落迹象。为了弥补国库空虚,时任康家掌柜的康鸿猷向清政府捐资一百万银两,慈禧太后赐其"康百万"封号。

(四)实业救国——张謇

张謇,中国近代实业家、政治家、教育家、书法家,"江苏五才子"之一,是中国近代史上具有代表性的民族实业家。他41岁的时候考中状元,授翰林院修撰。光绪二十一年(1895年),奉张之洞之命创办大生纱厂。四年后,拥有2.04万纱锭的大生纱厂建成并投产。当大生纱厂试生产时,运营资金仅有数万两,甚至连购买棉花当原料的资金都没有。张謇破釜沉舟,用棉纱的收入来购买棉花,维持运转。第二年,大生纱厂获得纯利5万两;第三年获得纯利10万两;到1908年累计纯利达到190多万两。

张謇是状元出身,大生纱厂早期的棉纱产品使用"魁星"商标,下设有"红魁""蓝魁""绿魁""金魁""彩魁"等不同产品线。商标的主要部分就是魁星点斗,独占鳌头的形象。

随后,张謇的实业越做越好。光绪二十七年(1901年),在两江总督刘坤一的支持下,张謇在吕泗、海门交界处围垦沿海荒滩,建成了拥有10多万亩耕地的原棉基地——通海垦牧公司。随着资本的不断积累,他又陆续创办了广生油厂、复新面粉厂、资生冶厂、盐垦公司等,兴建了天生港、发电厂等许多基础设施。

张謇认为,要改变国弱民贫的现状,不在于兵,也不在于商,而在于工农业和教育的发展。他曾说:"救国为目前之急……譬之树然,教育犹花,海陆军犹果也,而其根本则在实业。"

(五)创办百年学堂——叶澄衷

叶澄衷,生于浙江省宁波府镇海庄市叶家村,宁波商帮的先驱和领袖,被称为"五金大王"。

叶澄衷少时读过私塾,但没到半年就辍学了。他11岁进油坊做学徒,14岁至上海当杂货铺店员,17岁就在黄浦江上驾着舢板叫卖。同治元年(1862年),他在上海虹口开设顺记五金洋杂货店,承办外国轮船所需船舶五金,资本逐渐雄厚,后相继在上海及各大商埠开设了新顺记、南顺记、义昌成记、北顺记等分号18家。此后,他还投资了银钱业、房地产业及沙船业,还开过鸿安轮船公司、燮昌火柴厂、纶华缫丝厂等,赢得了"五金大王""火油大亨""江南甲富"等美称,清王朝曾御赐其"乐善好施"匾额。

拥有巨富身家后,他在家乡和上海设立慈善救济机构,多次出资赈济灾区。叶澄衷发迹之后,深感自己文化水平的不足,于是在上海、汉口、天津、杭州等地,招收有一定中文基础的学生,举办短期英语培训班,经费由叶氏企业全包,学习期为一年。期满后,先分配到叶氏各地企业实习,一年后,再输送到各地企业及大中洋行做"协办""帮办"等,为企业培养了大批人才。光绪二十五年(1899年)9月,他于上海虹口张家湾捐地28亩,出银10万两,创办澄衷蒙学堂,后改名澄衷中学,开创了中国人自己兴办班级授课制学校的先河。蔡元培曾担任该校校长,培养了四万余学子,其中有李四光、竺可桢、李达三、钱君陶等一大批著名人士。

二、近代商业文化的特征

明清时期是我国传统社会面临转型,东西方政治、经济、思想、文化等领域多方位交汇碰撞的时期。这一时期,社会经济较前代有了长足发展,商品流通规模、市场发育程度及商人资本的实力都较以往有了很大提高。其中,大量区域性商人集团——商帮的出现成为社会不可忽视的一个群体,尤其令人关注。明清时期的社会变迁不可避免地影响着这一时期商人群体思想意识的变化,并对其经营与发展产生了重要影响;同时,商帮的经营活动及生活方式也影响着其活动地域的经济发展、社会风气及社会思潮。

(一)大量商业图书面世

明朝中后期,工商亦本业、农商互利论等思想日益为社会所接受,经商已不再是一种为人轻视的职业,"弃农从贾",乃至"士商渗透"的现象越来越常见。出于学习经商之道、适应商业竞争的需要,明清时期出现了专门阐述商业理论的书籍。如《一统路程图记》《商贾指南》《商贾便览》《生意世事初阶》等,不仅有水陆路程、商业条规、物价、商品生产、流通、市场、经营方法等经商必备基本知识方面的内容,还包括商业道德、经商行为准则、行为规范等方面的内容。明清大量商业图书的发行,说明社会经商风气盛行,商人意识觉醒,经商者自身对这一职业的认可与重视意识加强。如李德晋《客商一览醒迷》中开篇有:"人生于世,非财无以资身;产治有恒,不商何以弘利?"同时,大量商业图书的发行,也说明这一时期的商人并不满足于做传统的凭经验行事的小商小贩,而是开始重视商业知识的积累和传播,并对子弟、生徒授以商业职业教育。

（二）传统观念仍然存在

明清时期,随着商品经济的日益发展,重商思潮开始盛行,人们对商人的地位及态度有所转变。总体而言,社会风气导向仍然是传统伦理中的以义为重、以利为轻,反对见利忘义。明清商人在个人修养方面,要求洁身自好;在经营理念方面,"诚者,天之道也;思诚者,人之道也"等以信用为本的诚信观念尤受重视。同时,传统伦理观念中匡扶正义、扶弱济贫的思想也深深影响着传统的中国商人。总之,我国传统文化、人伦道德的规范作用,在明清商人的意识形态中刻下了深深的烙印。

（三）走入"官商"桎梏

近代许多商人在凭自己的勤劳、精明发家致富后,并不热衷于怎样进一步扩大再生产以获取更多的利润,而是将较多的精力用于官场逢迎,捐纳功名,"援结诸豪贵,藉其荫庇"。他们为了保护自己的商业利益,只能进行各种方式的政治投资,最终成为政治的附庸。

明清商人这种与封建政权高度捆绑的行为,俨然成为经济转型时期商人们"二次创业"的重要桎梏。如明清时期的晋商,明初借明朝统治者为北方边镇筹集军粮而崛起,入清后又充当皇商而获得商业特权,清末又因为清政府代垫和汇兑军饷等以票号而执金融界牛耳。可以说,明清山西商人始终靠结托封建政权,凭借封建政府赋予的种种特权或好处而兴盛。当时局变迁,经济的发展需要依赖更多的技术因素及先进的理论时,他们便无法胜任角色的变化,最后不可避免地走向衰败。

（四）实业救国的民族资本

近代中国很多利权被西方列强攫取,引起国人强烈不满。因此,我国第一代企业家,明确把"挽回利权""实业救国"作为创办企业的目的。早期改良思想家郑观应提出实行关税保护,"我国所无者,重税以遏来源。守我利权,富我商民"。

1880年,郑观应担任上海机器织布局总办后提出,如果织布局办不好,会有损国家、民族的利益,事关"利源外夺"。因此,他设法增强同外国商品竞争的能力,以"防外人争利"。郑观应还认为:"我国日用之物多系舶来品,利权外溢。""夫强始于富,富始于振兴工商。"1908年,他又提出:"有国者苟欲攘外,亟须自强,欲自强,必先致富;欲致富,必首在振工商。"郑观应比较明确地表达了要挽回利权、发展实业的愿望和想法,并为此采取了实际行动。在这一阶段,徐润、张弼士、卢作孚等民族企业家,大力发展民族经济,创立保险公司、葡萄酿酒公司、造船厂、纺织厂、制碱厂、制药厂等,他们笃信实业救国,力图通过实业实现国家独立和民族富强。

面对当时市场上充斥的洋货，近代民族企业家大力提高民族产品的质量和竞争力，倡导"抵制洋货，提倡国货"的爱国运动。"国货旗手"宋则久说："若打算救国，必先救穷。若打算救穷，非提倡实业不可。若打算提倡实业，非维持国货不可。"1912年，宋则久发起创立了直隶国货维持会。1923年，他把天津工业售品总所改名为天津国货售品所，鲜明地扛起国货大旗。宋则久提倡国货的言行在社会上反响很大。荣氏家族企业的创始人荣宗敬也是倡导国货运动的代表人物。在国货运动的影响下，更多的民族企业家投身国货事业，开创国货产品，打破了外国垄断。民族企业家还投身反帝爱国运动，尤其是在一些历史紧要关头，相当一部分企业家坚持民族气节，甚至不惜付出生命代价，全力支持国家抵御外敌。支持五四运动、积极筹款救济难民、生产运输精良设备及军需民用物资等一系列救亡图存的行为，充分展现了民族企业家一以贯之的爱国情怀。

任务三　现当代商人的精神特质

商海潮涌，激起浪花缤纷。昂首回望，几多商界传奇。无数顶着光环的现代商人成为大众的榜样，也引发我们思考：商人的榜样力量来源于他的财富数字，还是商人所具有的精神特质？不可否认，追求财富是人类最原始的动力。但是只有真正了解和践行商人精神，才能更接近财富带来的精神价值。

一、初心，一往无前

"初心"是现代著名商人的精神特质之一。数十年如一日地不改初心，无论外在压力或诱惑有多大，都能坚持自我，不忘初心。人生少有"无心插柳柳成荫"的偶然，更多的是"梅花香自苦寒来"的必然，初心是值得珍视的精神。

二、勇气，闯字当头

古有闯关东，今有南下梦。勇气、闯劲是现代商人的又一精神特质。能不能保持勇往直前的精神状态，能不能发扬敢闯敢拼的优秀传统，很大程度上决定了商人能不能战胜新挑战、开创新局面。

三、行动，拒绝拖延

有好想法不容易，立刻付诸行动更为难得。所谓"晚上想想千条路，早上醒来走原路"，拖延的人容易丧失机会，导致梦想变成幻想。拒绝拖延，超前行动，才能更好地变被动为主动。

四、坚持，无畏失败

走向成功的路充满困难和考验，向梦想专注前行的过程也是冒险创新的过程，坚者不退，韧者不溃，坚以养气，韧以化力。在创造事业的道路上，需要坚强不屈的毅力和无畏失败的勇气。

单元三　商　路

任务一　丝绸之路

丝绸之路有广义和狭义之分,狭义的丝绸之路仅指陆上丝绸之路,广义的丝绸之路分为陆上丝绸之路和海上丝绸之路。2015年,在丝绸之路概念的基础上,我国提出共建"丝绸之路经济带"和"21世纪海上丝绸之路",即"一带一路"倡议,延续了丝绸之路共同繁荣、合作共赢的开放思想。本任务所说的丝绸之路指的是陆上丝绸之路和海上丝绸之路。

一、陆上丝绸之路

陆上丝绸之路伴随着历史的变迁,始于先秦,兴于汉朝,盛于唐朝,绵延两千余年。陆上丝绸之路自东向西延伸,连接了占世界陆地面积三分之一的亚欧大陆。

(一)陆上丝绸之路的形成

从青铜器时代开始,北方草原上初步形成了一条由中原经内蒙古草原到西方草原的丝绸之路,由于战乱和迁徙,这条路时断时续。据记载,在张骞出使西域之前,我国的丝绸、蜀布、邛竹等货物就已销往大夏、印度等国。

西汉武帝时,经济繁荣,国力强盛,为了寻求西域盟友,抗击匈奴对汉朝的威胁,汉武帝派张骞出使西域。张骞这次出使西域虽没有与西域国家结成同盟,却使汉朝的影响直达西域,也把西域的见闻带给了汉武帝。随着汉朝将领卫青等打败匈奴进攻,夺取河西走廊,张骞第二次率领使团和商队访问了西域许多国家,从此,这条路上出现了"使者相望于道"的盛况。公元前60年,西汉设立西域都护府,守境安土,确保丝绸之路的和平畅通。

张骞"凿通"西行通道以后,路上丝绸之路时断时续地向西扩展。公元73年,班超出使西域,进一步疏通了丝绸之路的东、中两段,之后的朝代中虽有时中断,但整体还是畅通的,并在原有的基础上有所扩展。唐朝东西方经济文化交流出现了高潮,丝绸之路最为繁荣,丝绸在古罗马市场上与黄金同价,更是被当作商品交易中的一般等价物。繁盛的丝绸贸易让唐朝国库充盈,国力强盛,成为当时世界上最强大的帝国。据《唐六典》记载,唐朝曾与300多个国家和地区交往,定居于长安、洛阳的"胡人"不下10万人。通过丝绸之路,我国的丝绸、火药、铜铁器、中药等商品被大量运往沿线欧亚国家;西域的宝石、香料、玻璃器具,以及菠菜、葡萄、石榴等蔬菜、水果也源源不断地运至中国。直至唐中期"安史之乱"爆发后,由于战乱和海上丝绸之路的兴起,陆上丝绸之路急剧衰落,逐步被海上丝绸之路替代。

(二)陆上丝绸之路的贸易

1.贸易形式

(1)互市贸易。

互市贸易是由政府组织并在指定地点、时间内,汉族与少数民族和国外其他民族之间进行贸易的统称。

中原盛产丝绢,边疆盛产良马,因此丝绸之路上的互市主要设在边境地区,以"绢马贸易"为主。隋唐时期对于互市贸易有规范化的官方管理机构和制度,这也是国力强盛的体现。隋文帝时期,突厥与中原进行互市贸易。唐玄宗继位以后,由于国家急需战马,唐与突厥进行了多次绢马互市,双方都获得了实惠。后来唐与突厥汗国约定,设立专门的互市场地,密切了双方关系,促进了内地与西域之间的贸易往来。

(2)朝贡贸易。

朝贡贸易体现了中央政府与周边诸民族和域外各国的进贡和回赐关系,这种关系的实质是以物易物,带有浓厚的政治色彩。

汉、唐时期,国力强盛,物产丰富,域外诸国纷纷称臣或与中原建立友好邦交,按规定时间前来朝贡。这种来朝进贡和当朝赏赐,实际上反映了我国与西域诸国的商品交换。由于唐朝"赏赐"的实际价值大于诸国的"贡献",唐玄宗开元年间朝贡的国家和地区达到"七十余蕃",其中包括突厥、契丹、吐蕃等周边少数民族,以及日本、新罗、大食、波斯等境外诸国。很多沿线商人抓住这个商机,随使团来到长安,广泛从事政治、经济、文化活动,甚至形成了"驻唐"现象。唐朝画家阎立本的《职贡图》就描绘了各国向唐朝进贡的场景。

(3)民间贸易。

民间贸易是民间自发开展的商业活动。除了国家控制的互市贸易以外,零散商人和有组织的商队常年往返于固定城市之间,进行商品的转卖和贩运,是丝绸运往西域和中亚、欧洲的一种重要贸易形式。

民间贸易分行商和住商两种形式,行商主要由中原的汉族人和境外的胡商组成,数量众多,长期进行长途贩运和转手倒卖,大多贩卖体积小而轻、容易携带且价值昂贵的珠宝珍玩,大都与各城市中的住商有着固定的贸易往来。昭武九姓素以经商著称,他们长期操纵着丝路上的转运贸易。住商一般拥有市籍和邸店,唐朝时仅长安就有王元宝、杨崇义、郭万金等数十家闻名全国的巨商富贾。

2.丝路上的商品

(1)我国向外输出的商品。

我国向外输出的商品相当丰富,品种多样,且技术含量高。在特色商品方面,主要有丝绸、生丝、陶瓷、茶叶、铁器、铜器、金银首饰、兵器、火药、医药品等,以丝绸和丝绸制品、铁器、陶瓷和茶叶交易量最大。在先进技术方面,主要有冶炼和制造技术、水利和灌溉技术、养蚕和纺织技术、制瓷技术、造纸和印刷技术、火药制造技术、医学技术、先进的农耕经验等。

(2)西域输入我国的商品。

西域输入我国的商品除一般物品外,还有农作物等特殊商品,以及艺术品、生产技术等。如牛马牲畜、农作物、金银珠宝、毛皮、毛织品、服饰、药品、玻璃器皿、香料、乐器,以及舞蹈、杂技、绘画艺术、天文学等。农作物有西域特有的胡桃、石榴、葡萄、苜蓿、胡麻、胡豆、胡葱、胡瓜等农作物。生产技术方面有牲畜及其饲养技术、农作物品种及其栽培技术、葡萄酒及其酿造技术等。

(三)陆上丝绸之路的重镇

1. 长安

长安是西安的古称,是历史上第一座被称为"京"的都城,是我国历史上建都朝代最多、建都时间最长、影响力最大的都城,居我国四大古都之首,是中华文化的杰出代表。在汉、唐时期,长安是世界上最大、最繁华的都市,有"九天阊阖开宫殿,万国衣冠拜冕旒"的盛况,吸引了大批的外国使节与朝拜者的到来。

长安历史悠久,很早就已经成为周朝的国都。自汉武帝时张骞出使西域开通丝绸之路,长安成为连接欧亚的桥梁,繁盛一时。到汉惠帝时,长安城人口差不多有50万。当时的长安城里不仅街道纵横,车马穿行,而且已经有了规模颇大的商业区。据史料记载,汉朝长安城的商业活动主要集中在西北部专门设立的"九市",其中,"六市"在道西,为"西市","三市"在道东,为"东市"。这是一个巨大的市场,聚集了天下的财物,云集了天南地北的客商。《史记·货殖列传》中记载了当时市场上流通的商品品类,《盐铁论》中也列举了长安市上许多熟食的名目。因为临近渭河,水陆交通便利,南方产的翡翠、黄金等物品,通过江陵北运到长安销售;产于中原的丝绸、漆器、铁器等也被运到这里买卖;而西域各国的土产、良马、毛织物、乐器、奇禽异兽,经过丝绸之路也被输送到这里进行交易。作为"丝绸之路"的起点,当时汉长安城里的市场已经堪称"国际市场",繁荣的贸易、开放的政策吸引了西方各国的使者和商人。

至盛唐,长安为当时规模最大、最为繁华的国际都市。长安城规模宏伟,布局严谨,结构对称,排列整齐。纵贯南北的朱雀大街是一条标准的中轴线,它衔接长安城的承天门、皇城的朱雀门和外城的明德门,把长安城分成了东、西对称的两部分,城内南北11条大街、东西14条大街,把居民住宅区划分成了整整齐齐的110坊,其形状近似一个围棋盘。东市、西市分别位于唐朝长安城外的东南方和西南方,左右对称,占地面积基本一样,形成了唐朝长安城的商业格局。东市和西市是唐都长安的经济活动中心,也是全国工商业贸易中心和各国进行经济交流的重要场所。市内商贾云集,店铺林立,有专门的部门管理和收税,贸易极为繁荣。东市中随处可见"奢侈品"商铺,是权臣显贵等人群的消费场所,西市相对平民化、大众化,也是各国商旅和胡商的聚集地。此时,市和坊是用高墙隔开的。到了宋代,市和坊的界限被打破,经营时间也不受限制,交易活动不再受官府的直接监管。城市商业繁荣,市民活跃,出现了专门供市民娱乐的瓦肆和24小时营业的商铺。

唐朝长安城的人口有上百万,除居民、皇族、达官贵人、兵士、奴仆杂役、僧尼、少数民族外,外国的商人、使者、留学生等总数不下3万人。当时来长安与唐通使的国家、地区多达300个。唐朝的科技文化、政治制度、饮食风尚等从长安传播至世界各地。另外,西方文化通过唐长安城消化再创造后又辗转传至周边的日本、朝鲜、缅甸等国家。唐朝长安成为西方和东方商业、文化交流的汇集地,是当时世界上最大的国际大都会。

2. 河西四郡

河西四郡指的是武威、张掖、酒泉、敦煌,位于丝绸之路东段。河西走廊自古就是我国内地通往西域的咽喉要道和战略要地,是丝绸之路的重要组成部分,东起乌鞘岭,西至古玉门关,南北介于南山(祁连山和阿尔泰山)和北山(马鬃山、合黎山和龙首山)间,因位于黄河以西,故称河西走廊。丝绸之路东段均从长安出发,到武威、张掖汇合,再沿河西走廊至敦煌,是商旅必经之路。河西四郡由汉武帝命名,武威是表彰霍去病的"武功军威",是进入河西走廊的第一大镇,具有贸易中继站、商品集散地和胡商商业活动基地的性质。张掖是"张国臂掖以威羌狄"的意思,地处河西走廊的咽喉地带,是丝绸之路上的重要枢纽和经营河西、西域的大本营,互市贸易十分活跃。酒泉得名于"城下有金泉,其水若酒",酒泉郡是河西四郡中最早设立的,是汉武帝对外开放的窗口。敦煌为盛大之意,位于丝绸之路东段的终点,是中、西方交通的门户,陆上丝绸之路从这里出阳关、玉门关,经今天的新疆越过葱岭到达中亚或欧洲。各国商人在这里囤聚商品,再按路途重新分流,去往长安或者西域各国。河西四郡是由军事重镇变为商业重镇的,都位于绿洲,坐拥商业地理优势,是丝绸之路上的商业枢纽和贸易中转站。

3. 安西四镇

安西四镇位于丝路中段,是唐初在西北地区设置的由安西都护统辖的四个军镇,分别是龟兹(今新疆库车)、焉耆(今新疆焉耆)、于阗(今新疆和田)、疏勒(今新疆喀什),对于唐朝政府安抚西突厥,保护中、西方陆上交通要道,巩固唐朝的西北边防,都有十分重要的作用。龟兹是安西都护府所在地,地理位置十分重要。焉耆是塔里木盆地的著名绿洲,物产丰富,适于耕种,属高昌古国故地。于阗位于昆仑北麓,是古代中国与印度的中转站,此处越过昆仑山就是印度河,是著名的玉石之乡、歌舞之乡、瓜果之乡。疏勒位于丝绸之路南、北、中三路交叉点,又是向西翻越葱岭的要冲,唐朝时成为重要军事据点。疏勒以盛产"疏勒锦"而驰名,是开展绢马贸易的边贸名城,在2 000多年前就具有国际大市场的特征。今天喀什依旧是现代边贸中枢,具有"五口通八国"的区位优势,是我国的"西大门"。喀什也是我国西北部唯一离海洋最近的地方,经喀什西出和南下到达印度洋,其路程大大缩短,贸易成本更低。喀什作为我国海运以外最大的对外贸易往来交通枢纽和中转站,于2010年5月正式获批设立经济特区,具有重要的战略意义。

4. 楼兰

楼兰位于塔里木盆地东端的十字路口,从此向西、向南、向北可通向西域全境,成为连接内地与西域的交通咽喉,是丝绸之路南北两道的分界点,是整个西域的交通枢纽,走丝绸之路必经楼兰,这里是贸易、民俗文化交流的中心。楼兰出土的木雕文物、木简、纸文书、铜器、古钱币和许多精美的毛织品、玉髓或玻璃质的各色珠饰,以及来自异域海岸的海贝、珊瑚等,都显示着楼兰古国曾经的绢丝贸易盛况。鉴于独特、有利的地理条件,各国商旅云集于此或是取道于此,楼兰古国因此成为诸多异族文化的交汇之地。作为西域长史府驻地,楼兰还肩负着西域地区政治和军事中心的使命。汉朝在楼兰屯田,以军屯为主,以民屯和犯屯为辅。屯田人员平时耕种,挖井修渠,建仓积谷,有敌情就参战,既保护了屯田内的安全,又维护了丝绸之路的畅通,在汉朝统一西域的过程中发挥了至关重要的作用。唐朝时楼兰成为西部边陲,之后在历史上就失去了记载,谜一般地消失了。

5. 撒马尔罕

撒马尔罕是中亚最古老的城市之一,关于它的记载最早可追溯到公元前5世纪,是丝绸之路上最重要的枢纽城市,为古代帖木儿帝国的首都,今属于乌兹别克斯坦。撒马尔罕连接着中国、波斯帝国和印度这三大帝国,善于经商的粟特人把撒马尔罕建造成了一座美轮美奂的都城,大量的丝绸在这里被分流,运往撒马尔罕市场和罗马市场。公元前4世纪,马其顿帝国的亚历山大大帝攻占该城时不禁赞叹其壮观。撒马尔罕在《魏书》中被称为悉万斤,在《隋书》中被称为康国,唐高宗永徽时在康国设置康居都督府,故址在撒马尔罕。唐玄宗天宝九年恒罗斯之战中唐军惨败后,此地成为大食领土,从此脱离了中原王朝。1219年,撒马尔罕是花剌子模帝国的新都和文化中心,被蒙古帝国攻陷之后,遭受了灭顶之灾。城内的大多数建筑是由后来的帖木儿大帝敕令修建的,他要把这里变成亚洲之都,在城里修建起辉煌的宫殿。

6. 大秦

大秦是古代中国对罗马帝国及近东地区的称呼,是丝绸之路最西端的城市。罗马是最大的丝绸消费国。丝绸、生丝及少量珍贵的丝绸制品,被辗转贩运到罗马市场时,行商常常能从罗马住商手上赚取三倍以上的高额利润。其中生丝作为优质的纺织原料,被加价贩卖给罗马纺织工厂,织成各种色彩绚丽的服饰布料,再被罗马的贵族们制成华美的衣物。丝绸制品则由罗马行商高价卖给罗马住商,再卖给罗马贵族和民众。由于波斯地区对丝绸制品的垄断,运到罗马的丝绸往往以天价上市,但是仍不足以满足罗马贵族对丝绸的消费欲望。古罗马市场上丝绸的价格曾上扬至一两丝绸一两黄金的天价,造成罗马帝国黄金大量外流。

【拓展阅读】

胡商的界定

我国古代将外国人称作蕃夷、外藩人、胡人等。如果是商人,就称作胡商。汉、唐时期的东西陆路经济文化交流,大多是以胡商为中介来进行的。他们来源于波斯、大食、回鹘、南越等地,其中以粟特商人最多。

胡商的商贸活动可以是直接的,也可以是通过某个中介民族而间接进行的。丝绸之路贸易不是由一个国家或某一个民族单独来完成的,在历史发展的进程中,其他先后兴起的民族都是其中的参与者,如匈奴、月氏、乌孙、粟特、鲜卑、突厥、回鹘等北方游牧民族都先后在丝绸之路贸易中发挥过积极作用。

二、海上丝绸之路

海上丝绸之路的概念由陆上丝绸之路衍生而来,是指古代东西方海上贸易交通路线。经由海上丝绸之路流通的商品种类更加多元化,除丝绸外,瓷器、香料、茶叶均是大宗货物,因而海上丝绸之路有时又被称为瓷器之路、茶叶之路、香料之路。海上丝绸之路通常分为东、西两条线,东线从东北部沿海,经渤海或黄海、东海到达朝鲜,再渡朝鲜海峡,最终抵达日本。西线从我国东南沿海出发,经南海、印度洋至西亚、非洲。

(一)海上丝绸之路的形成

1. 海上丝绸之路的贯通

我国先民的航海活动开展得非常早,夏商周时代就用木板船和风帆开始运输货物,对外交流了。秦汉之际,社会生产力有了很大进步,造船技术和航海技术飞跃式发展,出现了从中国到朝鲜、日本的东线海上丝绸之路。公元2世纪,汉武帝派出远洋船队通过马六甲抵达印度洋,形成了中国第一条远洋航线,被称为"海上丝绸之路"。

2. 海上丝绸之路的延伸

魏晋南北朝时期,中原汉族的南迁促进了南方经济、技术、交通和文化等多方面的融合与发展,加之北方战乱对陆上丝绸之路的破坏,使得海上丝绸之路空前活跃。三国时期,海上贸易的发展促使造船技术精进。吴国孙权利用优越的地理条件大力发展海上贸易和外交。东晋时期法显大师西游古印度后从南海回国,说明魏晋南北朝时期海上丝绸之路已经从我国南海发展到了南亚次大陆。

隋唐时期经济重心南移,航海技术进步,南方的海上丝绸之路又有了新发展。唐朝国势昌盛,生产力提高,海上贸易空前发达。朝廷特别设置"市舶司"专管海上贸易,如征税、设仓、保护外商正当权益、制裁违法官员等。在政府的政策鼓励下,南海和印度洋上商船往来络绎不绝,广州、泉州、宁波、扬州成为当时的国际四大贸易港。广州商船众多,是进出口货物集散地,被称为"广州通海夷道",将东亚、东南亚、南亚、波斯湾、阿拉伯半岛东南岸和东非沿岸连接起来,成为当时世界上最长的远洋航线。东海航线呈多样化趋势。唐朝至新罗的航线有两条。海上航线的扩展带来了唐朝海上贸易的繁荣,特别是唐朝后期,由于陆上丝绸之路受阻,海上丝绸之路逐渐占据我国对外贸易的主导地位。

宋朝的造船业呈现蓬勃发展的态势,航海技术有了重大突破。宋朝人不但掌握了海洋季风的规律,而且将指南针应用于航海,使航线准确而安全。宋元时期,海上丝绸之路进一步向前延伸,我国与阿拉伯半岛、东非沿岸各国的贸易关系密切。

3. 海上丝绸之路的繁盛

明朝以后,海上丝绸之路最终成型。明朝造船业发达,出现了很多著名的造船厂。明朝政府多次对海上丝绸之路的沿线国家进行友好访问与通商活动。明成祖永乐年间,郑和七次率领庞大的船队,带着各种礼物、商品与沿途各国开展广泛的政治、经济、文化交流。郑和的船队纵横往来于亚非各国,经行数十个国家,远达东非及赤道以南的非洲地区,不仅开辟了远至东非的航路,还在亚非地区开辟了许多短距离、多点交叉的新航线,形成了我国与东非之间的经常性交通往来航道,成就了人类航海史上的壮举,使明代乃至古代中国的朝贡贸易发展到顶峰。

4. 海上丝绸之路的衰落

明宣德年间,倭寇侵扰,重启海禁。公元1498年,达·伽马发现东方航线之后,葡萄牙人首先来到中国,其后,西班牙、荷兰、英国、法国、美国人等先后来到中国,传统的海上丝绸之路贸易被冲破。面对西方商业、战争的挑战,以及明朝残余势力对沿海地区的骚扰,清朝初期实行海禁和闭关政策,广州成为唯一的对外贸易口岸。嘉庆之后,随着国力日衰,海上丝绸之路昔日盛况不再,并于清朝后期迅速走向衰落。

(二)海上丝绸之路的贸易

1. 海贸商品

我国的外销商品主要有丝绸、瓷器、茶叶、铁器、铜钱等;东南亚有名贵木材、香料等;印度、斯里兰卡有宝石、棉布等;波斯有香料、宝石、玻璃器皿、陶瓷等;地中海有金银器具、玻璃等。大航海时代,美洲的白银、欧洲的羊毛制品等成为重要商品。

贸易的主要对象是朝鲜、日本、位于今中南半岛上的国家,以及东南亚沿岸岛屿、南亚、中东、欧洲等国家和地区,其他到达欧洲大陆的物品多运输到阿拉伯地区,再由阿拉伯人转运。

2. 海贸商人

在我国长久的海外贸易中,我国商人形成了海外华商集团。各地出土文物有力地证明,早在宋朝,我国商人就已经在东南亚定居并经商。以闽商为代表的中国商人在海外贸易的舞台上取得了成功,他们成功地在海外立足、发展、壮大,建立起家族网络和商业网络,利用不断扩大、衍生的资本进一步开拓贸易。

在这条路线上,阿拉伯商人跨越辽阔的内陆和海洋,在亚、非、欧三大洲之间运送货物。我国靠指南针和地貌、水深等航海,属于地文航行;阿拉伯人靠观测星星航行,属于天文航行。在与阿拉伯人长期接触后,我国的航海事业把观测天象与指南针结合了起来。

(三)海上丝绸之路的沿线港口

1. 广州

广州港是历史上唯一经过两千多年而长盛不衰的大港。

2. 泉州

泉州又称刺桐城,位于福建南部。唐末泉州的造船业就已颇具规模,其与台湾海峡相接,拥有纯天然的良港,在元朝成为世界第一大港。泉州土地肥沃,物产丰富,是当时世界性的经济文化中心。中、西文化长期在这里交汇,留存了以南戏、南音、南少林为代表的文化遗产和大量世人罕见的中外历史文化瑰宝。

3. 宁波

宁波古称明州,是经久不衰的东海大港。地处东海之滨,平坦富饶,甬江宽阔,河床稳定,内河航运四通八达,地理条件十分优越。宁波是大运河和海上丝绸之路的交汇处,通过大运河将海上丝绸之路与陆上丝绸之路完美对接。

东汉初年,宁波与日本已有交往,唐朝时宁波成为我国大港之一。浙江地区经济发展迅速,是鱼米之乡、造船之所、青瓷产地,还有深受海外欢迎的湖纺和杭缎,为海外贸易的发展奠定了基础。宁波是日本遣唐使的主要登岸港口之一。宋朝时阿拉伯人来宁波渐多,因而出现了专门接待阿拉伯人的波斯馆和阿拉伯人长期聚居的波斯巷。元朝宁波设市舶司,仍为我国主要外贸港口之一。

4. 福州

福州在唐中期至五代时期的海上丝绸之路中,不仅发挥着中外经济贸易通道的作用,还促进了东、西方多元文化的交流以及世界各国的友好交往。

三、丝绸之路贸易的意义

第一,丝绸之路是我国与西方相互了解的走廊,东、西方的人们通过这条路不仅互有所得,也加强了各国之间的了解和文化交流。

第二,丝绸之路是我国古代少数民族接受先进文化、了解外部世界的通道。汉朝的铸铁、开渠、凿井技术和丝织品、金属工具传到西域,极大地促进了西域的经济和文化的发展。

第三,丝绸之路是现代中国西部开发的早期蓝本。历史上,我国西部经济发展有过辉煌时期。如今依托国家西部大开发政策,西部人民奋发图强,为再创丝路辉煌不懈奋斗。

第四,丝绸之路是"丝绸之路经济带"的前身。"一带一路"是在古丝绸之路的概念基础上形成的一个新的经济合作倡议,东有亚太经济圈,西有欧洲经济圈,是世界上最长、最具有发展潜力的经济大走廊。

【拓展阅读】

沿丝绸之路传入我国的食物

古丝绸之路对我国和世界的影响深远而广泛,我国输出丝绸、茶叶和瓷器等,也从外域传入了很多物产和技术。民以食为天,让我们看看有哪些习以为常的食物是源自丝绸之路的馈赠。

先秦时期

1. 小麦:原产于西亚。
2. 大麦:原产于西亚。
3. 高粱:原产于非洲。
4. 皮燕麦:原产于欧洲。
5. 藕:原产于南亚。
6. 萝卜:原产于亚洲的西南部。
7. 姜:原产于印度与马来半岛。

汉朝

1. 葡萄:原产于亚洲西部。
2. 石榴:原产于伊朗、阿富汗等国家。
3. 蒜:原产于西亚和中亚。
4. 蚕豆:原产于欧洲地中海沿岸、亚洲西南部至北非。
5. 芹菜:原产于地中海沿岸。
6. 香菜:原产于地中海沿岸及中亚。
7. 豌豆:原产于地中海和中亚细亚。
8. 胡椒:原产于东南亚。
9. 黄瓜:原产于印度。

三国两晋南北朝

1. 茄子:原产于印度。
2. 扁豆:原产于印度。
3. 生菜:原产于欧洲地中海沿岸。

隋、唐五代

1. 无花果:原产于欧洲地中海沿岸和西亚。
2. 菠菜:原产于伊朗。
3. 莴苣:原产于地中海沿岸。
4. 开心果:原产于伊朗。
5. 杧果:原产于印度。

宋元时期

1. 西瓜:原产于非洲沙漠。
2. 丝瓜:原产于印度尼西亚。
3. 胡萝卜:原产于阿富汗。
4. 绿豆:原产于印度、缅甸。
5. 香蕉:原产于东南亚。

明朝

1. 菠萝:原产于巴西。
2. 辣椒:原产于墨西哥、智利等国家。
3. 南瓜:原产于北美洲。
4. 苦瓜:原产于印度尼西亚。
5. 土豆:原产于拉丁美洲的安第斯高原。
6. 甘薯:原产于美洲中部墨西哥等地。
7. 向日葵:原产于北美洲。
8. 玉米:原产于中美洲和南美洲。
9. 花生:原产于南美洲。

任务二　茶叶之路

在青藏高原和横断山脉的天险之间,在藏、川、滇大三角地带的高山峡谷、原始丛林中,绵延盘旋着一条神秘的古道,这就是世界上地势最高、最险峻的文化传播古道之一的茶马古道。茶马古道是我国西南地区伴随茶马交易和马帮运输而形成的陆上商贸通道。

茶马古道起源于唐朝的茶马互市,即古代中原地区与西北、西南边疆的少数民族地区之间一种传统的以茶易马为主的商贸往来通道。

一、茶马互市

汉代以来,中央政权十分重视与西北少数民族地区的贸易往来,用金银、绢帛等交换马匹,历史上称为绢马古道。唐中期以后,饮茶的习俗开始在中原形成并逐渐辐射西北、西南少数民族地区。青藏是我国重要游牧区,因地处高寒,蔬菜极其匮乏,糌粑、奶制品、酥油、牛羊肉是人们的主食,食物中的脂肪在体内不易分解,而茶能分解脂肪,防止燥热,藏族人民在长期的生活中养成了喝酥油茶的习惯,茶叶成为生活必需品。由于唐朝对少数民族互市的重视和对马匹的迫切需求,茶税纳入财政体系,在汉藏民族之间形成了茶马互市。

宋代茶马互市成为正式制度。1074年,宋在成都设置榷茶司,在甘肃天水设买马司,分别对买卖茶叶和马匹进行管理,不久之后,二者合并为茶马司,统一管理茶马互市事宜。明朝、清朝都在川、陕、甘等地设置茶马司。少数民族只准与茶马司从事茶马交易,不准私贩,不准将茶籽、茶苗带到边境。这种"以茶治边"的政策客观上促进了我国民族经济的交流与发展。

二、茶马古道的形成

茶马古道形成于唐宋时期的茶马互市。青藏川滇出产的骡马、毛皮、药材等与川滇及内地出产的茶叶、布匹、盐、日用器皿等,在川、滇、藏地区南来北往,川流不息,形成了一条延续至今的茶马古道。

茶叶生产的发展为茶马古道提供了物质基础。宋朝东南地区的茶叶产量在1059年达2 000多万斤,成为全国茶叶经济中心,茶税成为国家财政的重要支柱,对筹措军饷起到关键作用。这一时期的茶马古道主要分南、北两条线,即滇藏线和川藏线。滇藏线自云南西部普洱一带产茶区,经丽江、中甸(香格里拉)、德钦、芒康、察雅至昌都,再由昌都通往卫藏地区。川藏线则以今四川雅安一带产茶区为起点,首先进入康定,再从康定分成南、北两条支线:北线经道孚、炉霍、甘孜、德格、江达,抵达昌都(今川藏公路北线),再由昌都通往卫藏地区;南线则经雅江、理塘、巴塘、芒康、左贡至昌都(今川藏公路南线),再由昌都通向卫藏地区。纵观整个发展过程,除以上两条主干线外,茶马古道还包括若干支线,主线与支线结合成一个庞大的交通网络,最终梳理为川藏、滇藏、青藏三条大道,向外延伸至南亚、西亚、中亚和东南亚,远达欧洲。三条大道中,川藏线开通最早,运输量最大,历史作用也最大。

三、茶马古道商人组织

(一) 马帮和脚夫

马帮是我国西南地区特有的长途交通运输组织方式。西南地区多山,道路条件恶劣,为了长途贩运货物,马帮应运而生。马帮的组织形式大致有三种:家族帮、逗凑帮和临时帮,三种形式有时也会混合。少数大马帮在经营货运的同时,也会将资金用于工商业,形成自产、自运、自销的模式,建立大商号。进藏的马帮一般多是家族大商号的马帮,这种家族式马帮由一家人经营,马匹为自家所有,马帮也以自家姓氏命名。逗凑帮一般由同村或邻村人结伴而成,选经验丰富、德高望重者担任马锅头,是运输业务的直接经营者和决策者,并负责各种采买、开销和联络。临时帮无固定组织,往往因为同路或承接同一业务而结帮。为了生存和利益,马帮几乎在用自己的生命冒险。一是生意上的冒险。马帮大多生活在现代商业社会远未成熟的时期,要做的每一笔生意都有着极大的风险。二是大自然的考验。茶马古道的各条线路自然环境都异常恶劣,路上风霜雨雪、毒草毒水、野兽毒虫、瘟疫疾病，随时随地都有性命之忧。这种特殊的生存环境决定并造就了马帮的冒险精神。

川藏线崎岖难行，由雅安至康定一段大部分靠脚夫人背肩扛，遇到险峻地势须手脚并用，当地人将运茶脚夫称为"背二哥"或"背背子"。脚夫每日行程按轻重而定，轻者日行40里，重者日行20~30里，途中暂休不卸肩，用丁字形拐支撑歇气。

（二）商号

茶马古道上的商号主要可分为藏商和汉商两大类。商号按品类可分为茶叶类、毛皮类、香料类、药材类、织物类、杂货类等。商户中茶帮占比最大。云南大理的庆沣祥商号，早期以赶马帮和经营马店起家，为白族杨氏所建。清朝因普洱茶贸易蜚声鹊起，开始自设茶庄，转为以经营茶叶为主，并在易武、佛海、云龙等地设分号，收购鲜茶叶加工制作成庆沣祥普洱茶，产品经丽江、永胜运销到藏族地区，经昆明、曲靖运销中原。

（三）锅庄

锅庄是明清时期康定茶马贸易中特有的组织和经营方式，具有特殊的经济文化价值，集交易场所、货场、客栈、旅店、中介人、担保人等功能于一体，类似于今天的农产品交易市场，但其主要功能是贸易中介。锅庄的主要业务是代理藏族商人买卖货物，佣金来自两处：一是帮助藏族商人销售货物时按照藏商卖出货物总额的4%计算，由收购货物的汉族商人支付佣金；二是在介绍藏族商人购买汉族商人的茶叶和其他商品时，由茶商或其他商户支付定额佣金和酬金。康定锅庄由早期形成的4家，发展到清中期鼎盛时的48家，最多时达六七十家。

位于折多河和雅拉河交汇处的包家锅庄，是清中期48家康定锅庄之首。包家锅庄占地4 000平方米，房屋建筑面积达2 000多平方米，有3个园子，客房多达数十间，商人的骡子、马都在特定的院子圈养。每年最低成交额在30万元大洋以上，最兴盛时期曾达80万元。

四、茶马古道的影响

（一）推动了藏族地区经济社会发展

沿着茶马古道，伴随茶马贸易，不仅大量内地的工农业产品被传入藏族地区，丰富了藏族地区的物质生活，而且内地的先进工艺、科技和能工巧匠也由此进入了藏族地区，推动了藏族地区的经济社会发展。大批的藏族土特产通过古道输出，藏汉之间贸易规模扩大，出现了一批著名的藏商和集客栈、商店、中介机构于一身的特殊经济机构——锅庄。

（二）促进了边疆与内地的融合

茶马古道的拓展和茶马贸易的兴盛促进了我国西南边疆的稳定和巩固，茶马古道成为促进祖国统一的纽带。这条古道不仅使藏族人民获得了生活中不可或缺的商品和技术，满足了日常所需，而且让藏族地区与汉族形成了一种持久的互补互利的经济关系。

(三) 铸造了不畏艰险的商业精神

茶马古道是人类历史上通信难度最大的物流通道。茶马古道沿线高寒地冻,氧气稀薄,气候变幻莫测。当地民谚形容:"正二三,雪封山;四五六,淋得哭;七八九,稍好走;十冬腊,学狗爬。"除了地理之险,广袤的西南边疆地广人稀,自然条件恶劣,农牧业基础薄弱,20世纪中叶以前始终处于游牧社会,茶马古道通行前几乎没有工商业基础。

在这种恶劣的自然条件下,历代在茶马古道上经营茶马贸易和其他贸易的各族商户、马帮脚夫及锅庄们,凭借他们的双脚、双手、双肩,凭借着不畏艰难险阻、不畏山匪强盗、不畏商路迷茫的冒险精神,凭借开拓的勇气、经营智慧、互助共生的合作精神和勤勉经营、执着守信的职业操守,走出了举世无双的茶马商路,创造了独特的商业文明。这种不畏艰险、勇闯商路的精神和实践,是中华民族难能可贵的历史文化财富,是人类文明历程中的宝贵财富。

【拓展阅读】

茶马古道重镇——康定

茶马古道是世界上通行里程最长的古代商路,总行程上万里。自古以来,很少有人能走完全程。沿途的每站都可作为终点或者起点,而当时最大的贸易中转站就是四川的康定。康定过去叫作"打箭炉",西来的马帮到达康定,就要在这里转换运输工具或者就地与茶庄进行茶马贸易。1696年,康熙批准在康定进行茶马互市贸易,使康定成为内地与藏族地区之间的重要商业中心。国内的丝绸、茶叶等商品经过康定运往西方,而南亚、欧洲的商品也从这里销往内地。康定也因一首《康定情歌》名扬天下。康定拥有悠久、灿烂的历史文化,是川藏咽喉、茶马古道重镇、汉藏交汇中心、商贸繁荣之地,是世界历史文化名城。

任务三 运河粮路

在古代,水运是相对舒适、快捷的交通方式。在当时的技术条件下,为降低成本和增大运量,粮食运输常常借助江河等天然水运路线进行。运河是人工开凿的河道,与天然河道形成不间断的水运通道,又称漕运。运河粮路就是指实现不间断、长距离的粮食运输的运河,民间俗成运河为运粮河。

一、运河粮路的形成与发展

"尽道隋亡为此河,至今千里赖通波。若无水殿龙舟事,共禹论功不较多。"唐代诗人皮日休的《汴河怀古》道出了汴河的交通价值和运河的传承、更替。京杭大运河始建于春秋时期,地跨8省27市,全长2 700多千米,是世界上开凿时间最早、工程规模最大、空间跨度最大、里程最长、使用时间最久的运河,2014年被列入《世界文化遗产名录》,与长城、坎儿井并称为中国古代三大人工工程,是中华民族伟大精神的象征。

我国的运河建造始于春秋时期,邗沟是我国最早开凿的运河之一,沟通了长江与淮河,是大运河的重要组成部分。公元前486年,吴王夫差有争霸天下的野心,开凿了引长江水入淮河的邗沟,利用射阳湖、白马湖、樊梁湖等自然水域运输军粮与兵丁。到了战国时期,诸侯国内部通过开凿运河改善境内交通环境,著名的如魏国连接黄河与济水、汴水、涡水等水系的鸿沟等。人工开凿的运河距离较短,多服务于军事运粮、运兵,也有一些起到了农业灌溉的作用,为全国性的水运交通网络奠定基础。秦朝以后,我国运河的长度和密度不断增加,开发范围扩展至岭南地区,灵渠沟通了湘水与漓水,将珠江水系纳入全国水网。即使在水系相对不发达的华北地区,秦汉时期也开辟了连接长安、洛阳的关中漕渠、汴渠。

隋朝的建立和统一结束了汉末将近400年的分裂状态。由于政治中心所在地远离南方富庶地区,迫切需要物资的调拨,开凿人工运河的漕运制度由此产生。隋唐时期形成了以洛阳为中心,南至余杭(杭州)北至涿郡(北京)的大运河,包括通济渠、永济渠、山阳渎、江南河等一系列河段,沟通了五大水系,初步建立起全国性的粮路交通网络。隋炀帝前后征用数百万人开凿运河。直到北宋时,通济渠被称为汴渠,承担着把江南物资运送到东京(今河南开封)的任务。隋朝大运河的开凿体现了我国古代劳动人民的聪明才智和创造力,沟通了中原和南北地区,促进了运河城市的繁荣,维护了中央集权,千百年来享誉世界。

元代定都大都(今北京)以后,北方物产不够丰富,富庶的江南又离都城太远,为了改变前代东南至西北方向的粮路,忽必烈决定直接开挖一条从大都直达杭州的运河。随着济州河、会通河、通惠河等的修成,京杭大运河全线贯通,实现了海河、黄河、淮河、长江、太湖、钱塘江六大水系的一脉相连。为确保粮路畅通,运河沿线还设置了闸坝斗门及管理机构。自此之后,明清两代的运河均以元代大运河为基础,一直到今天。

明清时期是运河粮路的繁盛期,除了开凿和修建运河的基础工程外,还配套了相应的管理制度,涉及钞关、漕仓、夫役、物料、经费、船只等方面,从而真正实现了运河粮路的全线贯通,以最短的距离纵贯整个东部富庶地区,从元代的以海运为主转向以内河航运为主,其物资运输及商品经济的功能增强,对社会的作用也越来越大。沿线一批城镇兴起和繁荣,形成了大大小小的商品集散地,如北京、通州、直沽(今天津)、沧州、德州、临清、聊城、济宁、淮安、扬州等。"商贩所聚……百货倍往时。"

二、运河粮路的贸易形式

(一) 商船贩运

明清时期的商船贩运包括长途贩运和短途贩运。长途贩运的一般是粗重的大宗货物。货物规模大,所需资本多,周转时间长,行程艰难,多选择费用便宜的路线。与陆路运输方式相比,水路运输因量大价低而成为大宗货物的首选。大运河全线贯通以后,一些大宗商品不再局限于狭小的区域内市场,而是被长途贩运到更远的地方销售。粮食、布匹、棉花、盐等商品及部分特产、工艺品是主要经营品类,尤其是粮食,运河沿线出现了许多著名的粮食市场。例如,临清"为四方辐辏之区,地产谷不敷用,尤取资于商贩……秋、粮则自天津溯水而至。其有从汶河来者,济宁一带米粮也"。

(二)漕船夹带

漕船夹带主要指运军随漕船夹带的土宜私货。朝廷为体恤运军生活不易,自明洪熙年间开始,规定运军可以随漕船携带一定数量的"土宜",沿途买卖,并且免征课税。不断增加的土产品携带,进一步增大了南北物资的交流。除朝廷明文规定的夹带数量外,运军还私自夹带腌猪、豆麻饼、棉花、梨、柴、菜等。有时在京师卸粮南返时,还会因违规承揽大量商品,搭载乘客,导致漕船延迟。

土宜产品的长途贩运促进了全国的物资流通和商品经济的发展,沿途城镇店铺林立,百货聚集。乾隆三十二年(1767年)两江总督的奏折中提到:"京城所需南货,全赖江南漕船带运。而江南所需北货,亦赖漕船带回。若漕船全停,不惟南北货物不能流通……"

(三)坐地经营

明清时期,朝廷对长途贩运行商的管理非常严格,行商出外经商需先向政府申请路引,对于无引、引身不符及持假引者,逮捕治罪。这种情况下,除了部分实力雄厚的大商人外,大多数中小商人会选择坐地经营,在城镇开设店铺或在乡村集市设置固定摊位,从事商品批发和零售。坐商经营规模大小不等,以中小商人居多,从事服务行业、餐饮业和零售业。他们收购零散货物卖给长途贩运商人,也从他们手中购买外地商品。有些坐商集手工业者和商人身份于一身,前店后坊,是运河沿线市镇中的主要群体和中坚力量,活跃了运河区域的商品经济。

三、运河粮路的影响

(一)影响着国家的命运

运河粮路是国家重要的经济命脉和维系大一统的政治纽带,粮路的畅通加强了北方政治中心与南方经济区域的联系,对于南北经济文化交流以及国家统一作用巨大,全国性运河交通网络的出现是大一统的结果,同时,也有利于巩固和发展大一统局面。隋唐及元明清时期是我国运河粮路畅通、发挥作用的时期,促进了各地区的经济联系,影响到城市的布局与发展。

(二)活跃了商品流通

尽管漕粮本身不是商品,但伴随这一过程的商业活动无处不在,通过物资和人员的流动,促进了沿途地区的经济繁荣。可以说,运河粮路是交通要道,也是商品流通之路。物资运输是运河粮路最本质的功能,作为南北经济交流的大动脉,粮路密切了运河区域的经济联系,便利了各地的商人往来,扩大了商品的流通范围,促进了沿线城镇的兴起与发展。随着南北经济联系的加强,运河在全国的商品流通中占有突出地位,促进了统一的运河区域市场的形成。

(三)促进了各地的交通网络建设

商品流通不仅使物资互通有无,还加强了各地区的相互联系。为了联通运河主干道,各地的水陆交通网络不断开拓,商业线路延伸,流通范围扩大,越来越多的地区被纳入商品流通体系中,地方商品市场得到发展,以集镇为中心的地方小市场便利了农村百姓的商品交流。不过运河粮路上的商品流通很多是单向的,且多限于大宗生产资料和生活资料。

(四)推动了文化的交流与传播

在频繁的商品经济交流中,齐鲁文化、吴越文化、燕赵文化等在这条水路上交融,中外文化在这里碰撞,运河粮路成为南北文化交流和传播的重要载体。时至今日,古老的运河粮路作为人类文化遗产依旧发挥作用,继续为商品经济服务。京杭大运河部分河段是北煤南运、南水北调的黄金水道,一些续建、扩建工程陆续进行,运河的运输能力在不断提高。

【拓展阅读】

中国大运河列入《世界遗产名录》

2014年6月22日,中国大运河在第38届世界遗产大会上获准列入《世界遗产名录》,成为我国第46个世界遗产项目。中国大运河跨越地球10多个纬度,纵贯中国最富饶的华北大平原与江南水乡,自北向南通达海河、黄河、淮河、长江、钱塘江五大水系,地跨北京、天津、河北、山东、河南、安徽、江苏、浙江8个省、直辖市,27座城市的27段河道,运河水工遗存、运河附属遗存、运河相关遗产共计58个遗产点,全长2 700千米(含遗产河道1 011千米),是我国古代南北交通的大动脉。京杭大运河目前依然承担着航运等作用。

单元四 商　战

任务一　商战思想的内涵

一、商战思想的含义

商战不是普通的商业经营与商业竞争,而是人们以商业为武器,所发起的一种抵御外侮,强国富民,实现民族振兴的斗争形式。商战自古存在,但商战思想的真正成熟则在清末。商战思想是在我国商业长期发展过程中孕育,在清末随着西方列强入侵而发展形成的。商战思想对我国的商业发展、商业地位提升、商业作用具有重要指导作用。在当代经济全球化的大背景下,它对我国经济发展与稳定起到重要作用。商战以商人为主体,以强国富民、民族振兴为目标,以商业经营为手段,以浓郁的爱国情怀为动力。

二、商战思想的演变历程

我国的商战思想始于清朝晚期。当时商界人士在西方列强入侵的大背景下,提出了一系列强国富民、抵御外敌、发展商品经济的观念。商战思想也经历了转变、形成、成熟的演变过程。

(一) 由抑商到重商的转变期

从历史发展的进程来看,我国古代各个朝代基本上都将重农抑商作为国家的重要经济政策和治理国家的基本理念。这种思想和我国封建社会的生产力水平低下相适应,与男耕女织的社会结构相吻合,在很长时期内保证了经济的发展与社会的稳定。

随着时代的发展,尤其到了19世纪初,西方开始工业革命,现代化的商业如火如荼发展。第一次鸦片战争爆发后,列强的入侵、清政府的没落,使我国的商业环境和商业条件都发生了巨大变化,过去那种重农抑商的思想和与之配合的政策越来越成为社会发展的阻碍。部分先进的中国人开始睁眼看世界,了解西方的商业文明,重新考虑我国传统商业的定位。

魏源就是这一时期的主要代表人物。魏源认为,不论在漕运改革和盐务治理的具体事务中,还是在"师夷长技以制夷"的实践中,都要重视商业资本的发展。他把商业提到了关系国家利益的地位,并举海运为例,认为海外贸易对国家来说有三大好处:一是国家发展的根本国策,二可以改善民生,三可以发展沿海的商业。这是对重农抑商传统观念的一种冲击。魏源的观念为打破抑商的传统奠定了思想基础。

(二) 商战思想的形成期

19世纪60—80年代,西方的现代化商业进一步加剧了对中国市场的掠夺,当时,列强对中国输出的商品成倍增加。1880年外国商品的输入与1874年相比增加了2.5倍,而同时期的中国出口商品却只增加了1.6倍。为改变这种局面,维护清政府的统治,洋务派认为"言强必先富",国富是国强的前提,致力于发展民族工商业。他们从求"富"出发,认识到重视商业是西方国家实力强大的原因之一,开始在魏源思想的基础上进一步思考,形成了初步的商战思想。

这一时期的代表人物有张之洞、李鸿章、杨晨、刘铭传等。例如,时任山东地区的监察御史杨晨认为国家要富强,就必须先振兴商务。刘铭传认为国家要自强,就必须让国家富足起来,要使国家富足,就必须发展商业,只有商业发展,才能有能力与西方列强展开商战,从容地对抗和反击他们的经济侵略。

在此认知下,他们提倡兴办洋务,开发矿藏,重视商业在整个社会中的重要作用,希望通过分洋商之利,来振兴民族的工商业,使国家富强,抵制西方列强的侵略。这些认知初步构成了我国商战思想的一些基本内容。

(三) 商战思想的成熟期

19世纪末,伴随着我国民族资本主义的兴起,现代化的商业出现并逐渐发展起来,早期的资产阶级改良派呼吁包括商业在内的全面改革,在经济上则要求建立独立的民族商业,反对西方列强的经济侵略。商业界人士开始全面思考如何提高商业的地位,发展民族商业,采取合适的商业形式与西方列强进行商战,这些思考标志着我国商战思想的成熟。这一时期的代表人物主要有郑观应、王韬、薛福成、陈炽、马建忠等。

首先，他们认为朝廷应广开言路，"理财之说"盛行。他们结合当时西方国家商业的情况，力劝清政府要对商业加强引领，做商业的"调剂翼助"，使商业有组织地发展起来。

其次，他们旗帜鲜明地提出发展民族商业，反对列强的资本主义经济侵略，要与外国在商业领域进行商战。他们指出，西方列强的侵略主要有两个途径：一是靠洋刀洋枪进行武力征服，二是靠经商进行经济侵略。前者是有目共睹的，而后者是隐性的，不为国民注意，所以危害性也就更大。针对这种情况，必须与列强展开商战，维护民族利益，使国家的财富不外流。针对清政府只从发展武器层面去对抗外国列强的做法，他们呼吁政府从制度层面进行改革，改变观念，以商战对外国的经济侵略进行反击。

总之，从"重农抑商"到"商足以富国"，再到"与外争利"，与西方资本进行商战的思想逐渐形成并成熟起来。

三、商战思想的影响

（一）开辟了一条强国富民的道路

清末鸦片战争让国人明白了一个道理：闭关锁国不能强国，男耕女织同样不能富民。以郑观应为代表的商业人士从宏观审视时局，立足商界，发现洋人往往先以商业为手段进行财富掠夺，继而再进行军事进攻，商业侵略是其军事侵略的先导。他们提出商战思想，开辟了强国富民的另一条道路：想要打败西方的侵略，使国家强大，莫如振兴商务。

这种认识虽然涉及的内容没有那么广泛，但它体现出了"专"和"新"的特色，即专注于商业，独辟蹊径，为当时国民提出了一条崭新的强国富民之路。

（二）找到了一条抗击侵略的途径

面对西方列强的侵略，当时各界人士积极思考应对的方法，最常见的想法是直接采取军事行动，以武力把侵略者驱逐出去。但当时我国兵器的制作、军队的作战能力在短时间内无法迅速改变，因此国人开始思考其他的御敌之策。

一些人士从我国的传统文化入手，希望找到有效的方法。例如，薛福成受战国时商鞅的"耕战"思想的启发，产生了发展商业、抗击敌人的想法。曾国藩直接提出了"商战"的口号，对以商业促进国家发展的重要性进行了深入的思考。郑观应等人从西方富强国家的发展现状入手，借鉴先进经验，同样产生了发展商业、进行商战的观点。他们认为我国在进行军事备战的同时应发展商业，军战要与商战并举。

不论是从我国传统文化方面考虑，还是总结西方国家的先进经验，二者殊途同归，不约而同产生了商战可以有效抵御侵略，使国家强大起来的思想，找到了除军队作战之外，另一条有效抗击侵略的途径。

（三）为工商业的发展提出了切实可行的措施

为了在商战中取得胜利，晚清许多爱国人士提出了促进民族工商业发展的多方面措施。

建议清政府要加强对商业的领导，发挥社会各阶层的力量，共同促进商业的发展。国家对商业的领导要有专门的组织机构，建议在六部之外专设商部，兼管与外国的通商事宜。再在各府、州、县设立商务会所,处理地方的商业事务。

要在政策方面进行改革,促进商业发展。他们敏锐地认识到税收制度不平等使本国商人失去了应有的权利。对此,税制改革要"裁撤厘金,加增关税"。

要进一步扩大商贸领域,收回海关管理权,给予商人自由投资的权利,遵循商业的运行特点来进行管理。要重视商业行情,采用先进的通信手段,及时了解商业信息,以便在商战中立于不败之地。

加强国家的海运贸易。江海各埠自有轮船往来,货物荟萃,客货贸易更倍于前,但轮船到不了的地区经济仍然萧条,因此可设小轮船经常在内河航行。

商界人士要加强对自身的管理和对行业的研究。应推选有能力的绅商为局董,负责商务运作,定期召开会议,采取切实可行的措施,管理商业的各种事宜。

【拓展阅读】

齐国买鹿,兵不血刃征服楚国

春秋时期,齐国和楚国是相邻的两个大国,双方都想称霸诸侯,两国的斗争非常激烈。齐国的国君齐桓公问他的大臣管仲:"楚国地域宽广,人口众多,物产丰富,军队又善打仗。我们讨伐楚国,恐怕力不从心。"管仲说:"战胜楚国用军事行动虽然不能取得成功,但我们可以与它展开以贸易为主的商战。您出高价购买楚国特产的鹿吧,这一招保准管用。"

齐桓公派中大夫王邑带了两千万钱去楚国收购活鹿,收购价格高达八万钱一头。管仲还煞有介事地对楚国的商人说:"你能弄来二十头活鹿,我就赏赐你黄金百斤;弄来两百头,就能拿到千斤黄金。"楚王听说这件事后说:"金钱是国家赖以生存的基础,而鹿不过是禽兽而已,楚国多的是。现在齐国出那么多钱来买我们不需要的东西,这是我们楚国的福气啊。"于是发布命令,让老百姓捕捉活鹿。楚国上下轰动,无论是官府还是民间,全民动员来捕鹿。老百姓连粮食也不种了,漫山遍野地去捕捉。

与此同时,管仲让大臣悄悄在齐、楚两国收购并囤积粮食。几个月后,齐桓公在管仲的建议下,下令封闭边境,断绝与楚国的边境贸易。

楚国人前几个月都忙着捕鹿挣钱,粮食都没来得及播种。结果当家中存粮不多时,楚国的粮价疯涨。不到半年,各地官府的粮库也出现空仓现象。楚王只好派人四处买粮,但购粮的路径都被齐国截断了。楚国国内没粮食吃,百姓纷纷外逃。楚国元气因此大伤,三年后向齐国屈服。

任务二　著名的对外商战

从鸦片战争到五四运动,我国处在清末和北洋政府统治时期。这一时期,人们先饱受西方列强的欺凌,后遭受军阀混战之苦。我国商业人士在这种多灾多难的境况下,开始了商战救国、商战强国的斗争,表现了商界人士高度的爱国之情。

一、清末列强经济侵略中的商战

19世纪三四十年代,西方国家经过工业革命的洗礼,掌握了先进的生产技术。随着鸦片战争的失败,中国这个巨大的贸易市场被西方列强瓜分,它们在中国办厂,冲击着中国自给自足的传统市场。1845年第一家外资工厂——柯拜船坞在广州建立。它们还在我国设立了各种洋行、商行,以此作为基地进行经济侵略,推销商品,掠夺原料。面对这种态势,我国商界人士开始了抵抗经济侵略的商业之战。

(一)基础性产业的争夺

工矿业和运输业等基础性产业的争夺关系到国家的经济命脉,影响到国家的发展前途。清末基础性产业争夺战的形式主要是在政府领导下,以"官督商办"的方式在商业领域内展开的。从19世纪70年代开始,国人在政府的引领下,兴办了一批民用工矿业和运输业。主要有:1876年两江总督沈葆桢在台湾开办的基隆煤矿;1877年李鸿章在河北开办的开平煤矿,1878年在上海筹建的机器织布局;1890年湖广总督张之洞建立的汉阳钢铁厂。1872年,洋务大臣李鸿章在上海主持创办轮船招商局。当时美国的旗昌洋行与英国的太古洋行是势力最大的船运公司,他们联手制定了"齐价合同",垄断了长江的航运业务,在这种情况下,轮船招商局聘用曾做过买办的唐廷枢为总办,展开抗争。唐廷枢取得朝廷的支持,获得了低息贷款,依靠开展漕运业务在市场上站稳了脚跟。在20年的时间里,国人先后创办了20多个基础性企业,创办资本约1 700万两白银,工人20 000余人。这些基础性产业在政府的领导下,向西方资本主义商业侵略宣战,为后来我国的商业发展起到了重要作用。

基础性产业争夺的过程,是我国商业从传统的生产方式出发,引进现代化管理的过程。例如,在轮船招商局内部管理上,唐廷枢凭借其做买办时积累的丰富经验,结合我国传统的生产、管理方式,根据当时的实际情况,对公司进行现代化管理。他制定了科学的公司章程,公开面向社会民众招股,定期召开股东大会,讨论公司的重大措施,坚守诚信,定期分红,定期公示账目,调动员工的积极性,利用宣传、降价、改善服务等各种手段争夺航运业务,提高了我国基础性产业的竞争力。

充分利用本土优势,取得国人支持是清朝末期基础性产业争夺战胜利的关键。外国公司是在鸦片战争后进入我国市场的,从本质上讲,属于经济侵略。在最初阶段,它们依靠先进的技术和管理经验,以低成本占据优势。随着我国工商界人士学习技术,引进先进设备,创办出自己的产业,国人对民族产业的热情也随之升温。与轮船招商局竞争的美国旗昌洋行与英国太古洋行,其失败的迹象是先从股票市场开始的。当时许多商人纷纷购进轮船招商局的股票,导致这两家的股票大跌。公司已无盈利,连股息也不能按时发放,甚至收入已不能保证公司正常运转。在这种情况下,董事会最终只好以220万两白银的价格,把公司转卖给了轮船招商局,退出航运业。国人以实际行动表明了他们对国家和民族产业的支持。

(二)民间商业市场的对抗

清末,在以政府为主导的基础性产业与列强展开争夺的同时,民间商业市场也应时而起,兴办大量企业与外商争夺民间市场。民间企业在纺纱、制豆饼、制茶、制糖、面粉加工等领域纷纷展开商业兴国的行动。它们吸收私人资本入股,大量引进现代技术、设备,训练了一批掌握现代生产技术的工人和技术人员。商品生产有明确的成本利润计算,工人都是招聘来的自由劳动者,企业资本由私人投资组成。这些企业奋发图强,以兴办民用工厂为基础,以市场争夺为核心,在一定程度上起着抵御外资侵略,以商战维护国家利益的作用。

首先,民间商业利用我国的传统优势,中西结合改进技术。造纸术和印刷术是我国人民的伟大发明。1881年,英国商人在上海建立了华章纸厂,资本为7.5万两白银,采用毛竹竿作为原料,因工艺先进大获其利,在纸张供应市场上占据了优势。面对这种情况,1882年,广州商人合伙建立广州造纸厂,融资15万两白银,引入先进的纸浆机,以当地价格低廉的稻草做原料,把现代的造纸技术与传统的造纸技术相结合,每日可产纸60余担,与外商展开了市场的争夺。

其次,民间商业的争夺战中,商人表现出艰苦创业、奋发图强、顽强拼搏的精神内核。民间商业因资本少,往往要经过艰苦的奋斗才能在市场上立得住脚,在与外商的抗争中这一点表现得尤其突出。1866年,打铁出身的方举赞、孙英德合伙开办了发昌机器厂。机器厂设在虹口外商船厂"老船坞"的对面,刚开始只有一座打铁炉、四五个工人,主要业务是通过同乡关系承揽"老船坞"船用零件的打制修配。1887年兼造车床、气锤,除此之外还经营进口五金。为招揽生意,发昌机器厂从1873年起开始在报纸上做广告,其中一个广告在《申报》上连续登了三个月之久。19世纪80年代末,发昌机器厂发展到300余人,拥有20多台机械设备,分设木模、翻砂、打铁、车床、水铁炉等车间,成为当时上海民族机器工业中规模较大的一家。从无到有,从小到大,发昌机器厂靠的就是奋发图强、顽强拼搏的精神。

二、北洋政府时期的商战

20世纪初,北洋政府统治期间,我国商业面临着严重的危机。以棉纱为例,当时我国棉纺织工业中心天津规模最大的华新、恒源、裕元和裕大四家纱厂25个大股东中有23个是政府要员,他们在这些纱厂中占据了大量的股份。这些人以官僚或军阀之身组成了错综复杂的利益群体,扰乱市场、攫取暴利,到了20世纪30年代初,四大纱厂已有3家落入日本商人之手。

与此同时,西方列强的洋面、洋布、洋火、洋盐、洋油占领了几乎所有的国内民生市场。面对国家动荡,我国民族商业奋发图强,一方面要与外资商业入侵做斗争,一方面还要与腐败的军阀政府斗智斗勇。

(一) 消费市场的对峙与争夺

消费市场的对峙与争夺范围非常广泛,在几乎所有重要的消费领域,都有中外企业对峙争夺的景象:在棉纺市场,无锡荣家、张謇等人的对手是日本的多家棉纺株式会社;在纺织机械市场,华资大隆机器厂的对手是美国萨科-洛厄尔机器厂和维定机器厂;在火柴市场,刘鸿生的大中华火柴公司与瑞典火柴公司、日本铃木会社"杀"得难解难分;在出版市场,商务印书馆、中华书局与英资兆祥洋行势同水火;在制碱与肥料市场,天津永利制碱公司(后改为"永利碱厂")与英国卜内门和帝国化学工业公司之间不断竞争;在肥皂市场,五洲皂药厂与英资联合利华竞赛;在水泥市场,周学熙的启新洋灰厂与日本水泥、英资青洲英妮公司打了一场长达十年的对手仗;在钢铁市场,汉阳铁厂与日本南满株式会社难分高下。

消费市场的对峙与争夺遏制了外来侵华资本对民族商业的冲击,促进了民族商业的崛起与发展。以面粉行为例,1910年,无锡的荣宗敬在兄弟荣德生的支持下到上海寻找商机。经过两年的努力,荣宗敬在上海新闸桥创办了福新面粉一厂。他在第一次股东会上表示,为了扩大生产规模,三年内自己不从厂里提一分红利,所有的钱都用来扩大再生产。为此,他多管齐下,采取了新建、租赁和收购等多种手段。1915年,在上海闸北的光复路上,沿苏州河一字排开四家荣家面粉厂,其机器的响声彻夜不绝,苏州河里运麦装面的船只更是川流不息,英商所开的增裕面粉独占上海市场的景象已成过眼云烟。

消费市场的对峙与争夺,增强了民族商业界的自信心,激发了国人的民族自豪感。19世纪初期,我国国内对棉纱的需要不断增长,然而由于国际局势的影响,国内棉花出口减少,棉花价格下落。棉贱纱贵的结果使棉纱业的利润成倍增长。英国、日本的商人利用这一时机,在我国大肆办纱厂,几乎垄断了我国的纺织市场。在面粉行业取得胜利的同时,荣家的棉纱工厂也同步跟进。1915年,荣宗敬在上海郊外的周家桥开建申新纱厂,购买英国制纺机36台,盈利从开办当年的2.06万元增加到22.2万元。与当时上海的多家英国、日本开办的纱厂展开了长期的激烈对峙。1917年,荣宗敬出40万元买下上海一家原本由日本商人经营的纱厂,改名为申新二厂。当时棉纱业是外国公司的天下,荣家企业有气魄和能力收购日本企业,一时成为上海人津津乐道的新闻。荣氏兄弟的奋起不仅有力保护和发展了我国的民族商业,还增加了商业界人士的信心与勇气。

(二)金融领域的奋起抵制

商业界不但与外商争夺市场,还与当时的军阀政府斗智斗勇。

北洋政府为稳住金融盘子,于1916年5月10日突然下令中国银行、交通银行两行停止兑现,一切存款止付。法令传到上海,中国银行上海分行采取了公开抵制,电复北洋政府,拒绝执行法令。中国银行上海分行面对挤兑风潮,紧急采取措施,积极应对。一方面广泛活动,寻求社会的支持;另一方面调集资金,应对客户提现。5月12日是星期六,下午原不对外营业,中国银行特别延长到下午3点,第二天为星期日,破例在上午8点半起开门半天,照常收兑钞票。前两天到银行兑现者每日各约两千人,第一天约兑付40万元,第二天半日之间兑付20万元。四天之后,人心稍定,风潮开始缓和,经过一个星期才完全平息。

三、抗战时期民族危亡中的商战

1931年9月18日,日军悍然发动"九一八"事变,开始了蓄谋已久的侵华战争。1937年7月7日七七事变后,日寇肆虐进攻我国领土,华北战事日趋扩大。一个月后,日军于1937年8月13日又在上海点起战火。中华民族展开了艰苦卓绝的反日抗战。在民族危亡之际,商界人士团结协作,在将士们浴血奋战的前线战场外发出了时代最强音。

(一)爱国商人旗帜鲜明,表现出不向日寇屈服的坚定民族立场

面对日寇的侵略,爱国商人在民族危亡之际拒绝与日伪合作,保持名节,展现了威武不能屈的高风亮节。1937年秋,日本华北开发公司企图夺取当时我国著名的永利碱厂,由于永利碱厂当时生产的"红三角"牌纯碱在国际上影响很大,最开始想以收买的手段"名正言顺"得到产权。日方代表几次到永利碱厂"拜访",以提供资金和技术名义进行诱骗,当时永利碱厂的负责人李烛尘大义凛然,以公司章程明文规定"必须是华籍人士才能入股"为由拒绝。日方不肯善罢甘休,又找到另一个负责人范旭东,提出希望以巨资买下厂子。范旭东严词拒绝。日本军部最后恼羞成怒,拿着事先拟写好的将碱厂交日本人接办的文书逼迫李烛尘签字。李烛尘忍无可忍,怒斥日寇:"世界上哪有强盗抢了东西还要物主签字的道理,你们做强盗也太无勇气了!"

在抗战期间,像李烛尘、范旭东这样的爱国商人还有很多,如上海总商会会长虞洽卿,创办《生活周刊》的邹韬奋,还有方液仙、王性尧、李康年、余芝卿、吴蕴初等,他们在国家危难之际,立场坚定,旗帜鲜明地站在民族立场,显示出中国商人应有的骨气与高尚的节操。

(二)讲究策略,抢占时机,内迁工厂,保存民族工商业的元气与命脉

自晚清以来,我国工业大多集中在东南沿海和长江中下游流域。据学者吴晓波统计,到1937年6月,全国(除东北以外)资本在1万元以上的工厂有3 935家,其中,约70%集中在上海、武汉、无锡、广州、天津五大城市,仅上海就有1 235家,约占总数的31%。日寇入侵后,上述地区先后沦陷,在此紧急情况下,抓紧时间实现企业内迁关乎国运商脉。

七七事变爆发不久,工商业的爱国有识之士审时度势,提出工商业战略大转移的策略,主张把临近战区的工厂设备抢拆、抢运,迁移后方。这样既利于战时的军事和民用需求,也可免遭日军的掠夺。这一提议得到了广大民族工商业者的响应,他们组成"上海工厂联合迁移委员会",随后上海第一个内迁的顺昌机器厂的4条船开始沿苏州河向武汉出发。事实证明,商业界的战略大转移的做法是正确的,工商业界的战略大转移为民族经济的恢复保存了力量。

(三)爱国商人展现舍小家、卫国家的无私报国情怀

七七事变后,日本军部妄图利用军舰沿着长江水路快速西进,攻克重庆。于是如何阻断长江,成为当务之急,我国的航运企业在这一时刻肩负起拯救国家的重任。

1937年8月12日,爱国商界人士实施"江阴沉船计划",一是隔断航线,使日军战舰无法从东海攻入长江流域,二是对长江内已有的日本舰船"关门打狗"。为实施这个计划,当时国营的轮船招商局和民营的三北公司、大达公司拿出共计24艘轮船,凿沉在江阴黄山下游的鹅鼻嘴。1938年4月,商界人士又组织第二次沉船计划,参加这次行动的除了上述三家企业外,还有民营的大通、民生公司,这次自凿沉船共18艘。此后商界人士又在镇海口、宜昌、武穴田家镇等长江水域相继实施了多次沉船计划。

这一系列惨烈的自毁行动,成功地阻止了日军通过长江快速西进的阴谋,重庆等地的大后方得以保全。爱国商人舍小家、卫国家,做出了巨大的牺牲,以无比悲壮而又无私的

方式表达了报国情怀。

(四)进步商人不屈斗争,表现出可歌可泣的英雄主义和爱国精神

抗日战争期间,许多爱国商人以各种方式表现出英雄无畏与为国献身的高尚精神。有被日寇抓获后受尽各种酷刑宁死不屈的巩天民,有为抵制日货被日伪特工杀害的方液仙,有组织抗日义勇军怒斥日寇宁死不屈、为国捐躯的项松茂,还有为抗日杀身成仁的史量才。民生轮船公司的卢作孚号召公司职工要以实业报效国家,要以身心尽瘁于事业,虽然不能到前方拿起武器打敌人,但要尽本身职责,努力去做一名战士,增强抗战力量。公司职工怀着救国之情、报国之志,紧急行动起来,调配船只,冒着敌人的炮火,投入艰苦卓绝的战时抢运中。在宜昌的紧急抢运中,民生公司先后有16艘轮船遭受敌机轰炸,经济损失巨大。有人问起民生公司的经营状况,卢作孚自豪地说:"这一年我们没有做生意,我们上前线去了,我们在同敌人拼命。"在紧急抢运中,许多船员职工冒着敌机轰炸抢运,十分勇敢,即使中弹流血,船将倾覆,全体值班人员没有一人离去,仍坚守岗位和救助旅客。民生公司的职工同在抗战前线与敌人作战的战士一样,为了挽救国家和民族危亡,英勇斗争,不怕牺牲,把一腔热血洒在了祖国的长江上。

【测试与思考】

一、单选题

1. ( )是孔子的弟子,他把老师的儒家学说融入自己的经商理念中,并在经商的过程中宣传老师的思想。
   A. 子贡　　　　　B. 孟子　　　　　C. 颜回　　　　　D. 孟子
2. 春秋末期( )经商三次致富,又三散家财帮助穷人,司马迁评价他"富好行其德者"。
   A. 子贡　　　　　B. 弦高　　　　　C. 范蠡　　　　　D. 管仲
3. 中国历史上被称为"红顶商人"的是( )。
   A. 乔致庸　　　　B. 沈万三　　　　C. 张謇　　　　　D. 胡雪岩
4. 京杭大运河南起余杭,今杭州,北到涿郡,今( ),全长约1 797千米,是世界上里程最长、工程最大的古代运河,也是最古老的运河之一。
   A. 西安　　　　　B. 北京　　　　　C. 沈阳　　　　　D. 天津
5. 马帮主要活跃在( ),他们的精神也附着在了这条商道上,成为中华民族精神的组成部分。
   A. 丝绸之路　　　B. 茶马古道　　　C. 京杭运河　　　D. 古蜀栈道
6. 在七次航行中,郑和率领船队从( )出发,在江苏太仓的刘家港集结,至福建福州长乐太平港驻泊伺风开洋,远航西太平洋和印度洋,拜访了30多个国家和地区。
   A. 杭州　　　　　B. 上海　　　　　C. 海宁　　　　　D. 南京
7. 中国近代最具代表性的商战思想家是( )。
   A. 郑观应　　　　B. 曾国藩　　　　C. 荣宗敬　　　　D. 宋汉章
8. 关于商战思想的影响,以下说法错误的是( )。
   A. 开辟了一条强国富民的道路

B. 找到了一条抗击侵略的途径
C. 为工商业的发展提出了切实可行的措施
D. 为列强侵略我国提供了理由

9. 改革开放以来,商战对我国的经济发展、民族振兴起着重要作用,同时也表现出新变化、新特点,其不包括(　　)。
A. 国际背景简单清晰
B. 坚持党和政府的正确领导
C. 经济实力的提升是取胜的关键
D. 彰显了我国民族振兴、国家崛起的大国风范

二、简答题

1. 做一名优秀的商人,应该具备什么样的品质?
2. 商人在获取利益的同时应如何履行社会责任?

【实训安排】

绘制丝绸之路路线图

一、实训目标

1. 了解丝绸之路的意义和影响。
2. 了解丝绸之路上的商品和经营模式。
3. 熟悉陆上丝绸之路和海上丝绸之路的路线。

二、实训内容

绘制陆上丝绸之路和海上丝绸之路地理路线图,标识出重要国家、城市、路线等。说出丝绸之路上的商品经营品类和经营模式,提炼丝绸之路的商业精神,说明丝绸之路的商业精神在商业中的意义和作用。

三、实训要求

能说清陆上、海上丝绸之路的发展历程及路线,提炼商业精神,明确商业精神在国际商贸中的作用与传承。

四、实训成果

绘制陆上、海上丝绸之路地理路线图,并按要求讲解。

五、评价标准

根据实训成果,进行"优、良、中、及格、不及格"打分。

模块三　传承商业文化

【素质目标】

◎培养强烈的文化自信和民族自豪感。
◎具有正确的商业道德观念,维护我国传统商业文化。

【知识目标】

◎了解商帮及商帮文化。
◎理解"一带一路"倡议的意义和传承。
◎理解传统商业文化的传承与发展。

【能力目标】

◎能够分析十大商帮商业文化的特点,掌握如何传承商帮文化。
◎能够解读"一带一路"倡议的内涵,分析老字号文化的传承意义。

【模块导读】

在经商的过程中,商人们常常因为经营相同的品类、使用相同的运输工具或同乡同族等原因结成商帮,相亲相助,和衷共济。到明清时期商品行业繁杂,数量增多,商人队伍日渐壮大,商帮发展也达到了顶峰。各地商帮在传统商业文化的基础上,形成了各具特色的商帮文化。改革开放以来,商帮也在悄然变化,新商帮崛起,成为我国经济的支柱,传承了传统商帮文化,也丰富了商业文化。随着对外贸易的不断发展,我国延续了丝绸之路的贸易往来和合作理念,提出了"一带一路"倡议,丝路文化焕发生机。商帮文化和丝路文化都是我国商业文化的集中表现,其传承显示了商业文化强大的生命力和创造力,对现今和未来的商业活动都有巨大影响。本模块旨在让学习者了解中国商帮,理解"一带一路"倡议,了解传统商业文化在当下的传承与发展,为商业文化的传承奠定基础。

【引导案例】

1900年,八国联军攻占北京城,北京城里的达官贵人随着慈禧太后仓皇出逃。山西票号在这次战乱中损失惨重,不但票号被抢,而且账簿也被烧掉。没有了账簿,许多存款就缺少了真实的凭证。然而,以日升昌为首的山西票号决定,只要储户拿出折子,无论数量有多大,立刻兑换银两。山西票号的这些举措取得了储户的信任,也为自己带来了更多的生意。

案例思考：

山西票号的举动，放在现代社会，是否有可取之处？是否值得推崇？

单元一 传承商帮文化

任务一 明清商帮概况

明清时期，是东西方政治、经济、思想文化等领域多方位交汇碰撞的时期，社会经济有了长足发展，商品流通规模、市场发育程度及商人资本的实力都有了很大提高。在这样一个传统社会面临转型的阶段，出现了一种以地域因素划分的商人群体——商帮，成为明清时期独特的商业文化现象。

一、商帮与商帮文化

（一）商帮

在我国古代商帮很早就出现了，在明清时期最为兴盛。随着商品经济的迅速发展，明清时期从事商品贸易的行业越来越多，商人队伍也日渐壮大，竞争日益激烈。俗话说，"亲不亲，家乡人"，为了在市场开拓和商品贸易方面相互支持、和衷共济，商人们以乡里宗族关系自然地联系起来。由于同一地域的商人使用相同的方言，有相同的生活习惯，甚至拥有相似的思维方式和价值取向，从而形成了同乡间特有的亲近感，因此在亲缘组织的基础上，形成了更大的地域性商业组织。这种以乡土亲缘为纽带，建立在地缘基础上的商人组织就是商帮。商帮拥有会馆办事机构和标志性建筑，贸易活动遍及全国各地，商品远销海内外，对当时市场经济的发展和我国近代对外贸易的兴起起到了重要的促进作用。

明清时期，我国有晋商、徽商、陕商、鲁商、闽商、粤商、宁波商帮、洞庭商帮、江右商帮、龙游商帮等著名商帮，其中以晋商和徽商规模最大，实力最强，纵横商界500余年。

（二）商帮文化

商帮把中华传统文化的精髓与自己的实际经营活动结合在一起，孕育出了独具特色的商帮文化。在商帮文化中既有商业文化的属性，也有地区文化的特色。不同的区域文化孕育了不同的经济形态和相应的经济人格，商人的不同理念和行为形成了独特的商业气质。山西商帮的"守信不欺"、陕西商帮的"克勤兴业"、宁波商帮的"长袖善舞"、洞庭商帮的"因地逐利"等，都是商帮在长期的经营实践中逐渐积淀而形成的商业特质与商业精神。

二、商帮形成的社会基础

(一)明清时期的经济背景

1. 商品生产的快速发展,形成区域性产业结构

明朝商品最突出的是棉布和丝绸。棉花在宋朝已在陕西等地区种植,到元朝中后期,棉花已在全国较大范围内种植。明朝的丝绸生产以江南的杭州、嘉兴、湖州和苏州部分属县最为兴盛,形成了江南丝绸畅销海内外的盛况,为徽州商人、洞庭商人、山西商人、陕西商人、福建商人和广东商人从事大规模、远距离的棉布和丝绸贸易提供了可能。

2. 白银货币化改变了支付手段,提高了结算效率

明朝中期开始的一系列改革,推动了白银的货币化进程,客观上推进了商品流通的进程,为商人大规模开展经营活动创造了有利条件。

3. 税赋降低,减轻了商人负担

明朝商业税赋不高,降低了商人的商业经营成本,有利于商人实力的增强和商人集团的产生。

(二)商帮发源地的地域因素

1. 环境因素促使人们走上经商之路

在很多自然条件较为恶劣的地区,经商是当地人无奈也是必然的选择。各地有其独特的资源特点和地理优势,如徽商因当地山多,可以向外贩卖林、竹、茶、桑、药材等物品;晋商可以借助丰富的煤炭和盐业资源。

2. 交通条件改观,有利于大规模、远距离的商品贩运

商人从事的行业是商品贸易,商品流通离不开交通。交通发达的地方很容易发展大型商业,甚至成为繁华的商业中心。所以交通条件在很大程度上决定了一个地区的商业结构,也决定了该地区商帮的经营规模、经营水平和影响力。

(三)社会结构与社会价值体系的变化

1. 商人阶级崛起

明朝中叶以后,我国的社会结构发生了深刻的变化。传统的"士、农、工、商"中的商已不再被排在末位。社会上出现了"士商常相混"的局面,很多人亦儒亦商,甚至弃儒从商,商人的成功对当时的人们来说是极大的诱惑,同时明清的捐纳制度,又为商人开启了入仕之路。

2. 社会价值体系发生变革

明朝中后期,"士商常相混"无疑缩短了士与商的距离,社会各阶层对商人的看法也在发生变化,商人不再是遭受歧视的行业。儒学对经商理念或商业伦理的渗透增强。

三、明清十大商帮

(一) 山西商帮：学而优则贾

十大商帮中最早崛起的是山西商帮，晋商起源于周朝的晋唐时期，在明代真正崛起，在清乾隆、嘉庆、道光时期发展到鼎盛。晋商是明清时期国内最大的商帮，在商界活跃了500多年，足迹不仅遍及国内各地，还涉足欧洲、日本、东南亚和阿拉伯国家，可以与世界著名的威尼斯商人和犹太商人相媲美。到清朝中叶，晋商逐步适应金融业汇兑业务的需要，转向金融业，最有名的业务就是钱庄和票号。咸丰、同治时期，山西票号几乎独占全国的汇兑业务，成为强大的商业金融资本集团。

晋商有严格的规章和管理制度，并极具进取精神和敬业精神。山西商人大多具有不怕苦、不怕累、勤奋好学的良好品德。同时他们互相信任，不仅形成地方性的商帮，还创办了联号制和股份制的业缘群体组织，在商业经营活动中发挥企业的群体作用。

(二) 徽州商帮：贾而好儒

徽商曾活跃于大江南北、黄河两岸，以至日本、东南亚各国和葡萄牙，世有"无徽不成镇"的说法，其商业资本之巨、从业人数之多、活动区域之广、经营行业之多、经营能力之强，都是其他商帮所无法匹敌的，徽商在我国商界称雄数百年。徽州人善于分析和判断经济形势，通过大规模的商品长途贩运牟取厚利。徽商自称徽骆驼，他们身上有一种百折不挠的开拓进取精神，像骆驼一样在极度恶劣的环境中也能够生存下来。

徽州商帮与其他商帮最大的不同在于"儒"字。徽州是南宋大儒朱熹的故乡，儒风独茂，因此徽商大多表现出贾而好儒的特点。徽商以儒家诚、信、义的道德要求作为其商业道德的根本，既使他们在商界赢得了信誉，也促使了商业资本的发展，是其经商成功的奥秘所在。徽商发迹后回馈桑梓的精神也为人称道，从古徽州地区保留下来的牌坊、祠堂中我们也能感受到当时徽商的兴旺。

(三) 陕西商帮：综合性商帮

陕西商帮是我国形成时间最早的商帮之一，其形成得益于千年古都西安的商业繁荣和陕西商人的自身素质。这些生活在黄土高原上高喊着秦腔的人在经商上同样精明，他们不会浪费每一分钱。

陕西商帮以盐商最为著名，经营布业、茶叶和皮货业也是陕西商帮营利的重要途径。"货真价实好为商，假冒伪劣难久长。"陕西商人不欺不诈，随行就市，按质论价。正因为如此，陕西商人被誉为"人硬、货硬、脾气硬"的"三硬商人"。在布匹行，陕西商人提供的货物质量优良，货真价实，而且他们信誉卓著，购销两旺，货畅其流，素有"关中贾来价更高"之称。

(四) 山东商帮：亦儒亦商

山东人的特点是质朴单纯，豪爽诚实。正因如此，山东商帮的致富之道显得直截了当。他们采取长途贩卖和坐地经商的商业经营方式，商业行为讲求信用、规范。山东商人经营方式很规范,与生意对象间靠信义约束,按约定俗成的规矩行事。合资经营企业的做法往往是"邀同亲友,书立合同,出伙时,则书出伙合同",以示守信用。因为善于规范自己的商业行为,外地商帮与山东商帮打交道很少有过节。

山东商帮,儒字当头。山东是孔孟之乡,儒家思想植根于山东人的心灵深处。"修身、齐家、治国、平天下"表现在山东商人身上就是关注民生。他们把经商当事业做,具有强烈的社会责任感。这种既重财又重义,心系国计民生的品德,为山东商帮赢得了很好的口碑。

（五）福建商帮：爱拼才会赢

闽商以开放、拓展的精神闻名。闽商闯荡全球的历史显现出典型的海洋文化特征,可以说"有华人的地方就有闽商"。如今,闽籍海外华人遍布全球,闽商成为国际商界的劲旅。

闽商敢于拼搏冒险,晋江、石狮一带商人推崇"少年不打拼,老来无名声"。这种强烈的"海洋"性格,使闽商在许多领域突破传统。闽商认为"道义"和"功利"应统一,他们主张实效,讲究变通,以家族为核心进行海上贸易和国内交易。闽商恋祖爱乡,以报效家乡为荣,不管走得多远,事业做得多大,始终眷恋故土、不忘乡亲、投资兴业、热心公益。

（六）广东商帮：敢为天下先

广义上的广东商帮包括潮州帮（潮商）、广州帮、客家帮等,历史文化渊源深远,商业氛围浓厚,是现代我国商业经济中的主要企业群体,也是对我国改革开放影响较大的一个商帮。

自西汉开始,广州就成为珠玑、犀角、果品、布匹的集散之地,到了宋代,广州已成为"万国衣冠"络绎不绝的著名对外贸易港。从18世纪开始,广州作为当时我国唯一的对外贸易口岸,成为洋船必争之地,在1850年世界城市经济十强排名中,广州跻身4强。清代广州十三行商人在垄断外贸特权中崛起,经济实力显赫,是近代以前我国最富有的商人群体,代表人物有张振勋、伍秉鉴、卢观恒、梁经国、吴健彰等。

粤商最大的特点就是具有很敏锐的商业嗅觉,敢为天下先,精明实干。粤商在近现代也起到了引导潮流的作用。特别是改革开放以来,粤商凭借特殊的地域和政策优势,加上聪明才智,迅速成为全国经济的领跑者。

（七）宁波商帮：后来居上

宁波商帮泛指旧宁波府属的鄞县（今鄞州区）、镇海、慈溪、奉化、象山、定海六县在外地的商人。宁波商帮推动了我国工商业的近代化,为民族工商业的发展做出了突出贡献。如第一家近代意义的中资银行、第一家中资轮船航运公司、第一家中资机器厂等,都是宁波商人创办的。对于清末上海、天津、武汉的崛起和第二次世界大战后香港的繁荣,宁波商帮都做出了贡献。宁波商人遍布世界各地,其中不乏世界级工商巨子。

宁波商帮的形成是在明朝后期到清朝初期。清乾隆、嘉庆时期,宁波商帮迅速发展,一跃成为国内著名商帮。鸦片战争后,宁波商帮凭借自身的特殊条件,迅速介入新兴的对外贸易领域,形成以买办商人和进出口商人为代表的宁波商帮新式商人群体。19世纪90

年代以后,宁波商帮投资航运业、金融业、工业等新兴领域,形成实力雄厚的金融资本和工业资本。他们的致富之道非常有特点,也非常实用,以经营传统行业安身立命,以支柱行业为依托,以新兴行业为方向,往往一家经营数业,互为补充,在全国商界中居于优势地位。

(八) 洞庭商帮:善于审时度势

洞庭商帮是在明万历年间初步形成的。审时度势,把握时机,是洞庭商帮的典型特点。洞庭商人没有与徽商、晋商在盐业和典当经营上争夺市场,而是扬长避短、稳中求胜,利用洞庭湖得天独厚的经商条件贩运起了米粮和丝绸、布匹。他们不断更新观念,开拓经营新局面。尤其是鸦片战争以后,在金融中心上海,洞庭商帮开辟了买办业、银行业、钱庄业等金融实体和丝绸、棉纱等实业。在新的历史背景下,洞庭商帮从事着不同于以往的商业活动,由此洞庭商帮产生了一批民族资本家,走上了由商业资本向工业资本发展的道路。

洞庭商人十分讲究具体的经营手段,这些手段非常符合现代经商的要求。洞庭商帮非常注意市场信息和预测行情。在经商过程中,洞庭商帮会根据市场行情与商品交换的情况调整自己的经营策略,不拘于成见。洞庭商帮还会根据当地实际情况,比如民风特点,因地制宜地采取独特的经营方式。

(九) 江右商帮:讲究商德

江西商人在历史上被称为"江右商帮"。江西商人绝大多数是因家境所迫而开始经商的,小本经营、借贷起家成为他们的特点。他们的经商活动一般是从贩卖本地土特产开始,因此江右商帮具有资本分散、小商人众多的特点。除少数行业如瓷业比较出众外,其他行业与徽商、晋商等商帮相比经营规模较小,商业资本的积累也极为有限。另外,江西商人浓厚的传统观念也影响着他们的资本投向。

江西商人讲究商德,注重诚信显示了江西人质朴、认真的性格,也是江西商人头脑中传统儒家思想的自然流露。江西商人还善于揣摩消费者心理,迎合不同主顾的要求。江右商帮艰苦奋斗的创业精神、和合共赢的协作精神、以义制利的儒商精神、潜心学艺的钻研精神等成为令人景仰的人格精神。

(十) 龙游商帮:海纳百川

历史上所谓的龙游商帮,实际上是衢州府商人集团,其中以龙游县商人人数最多、经商手段最为高明,故冠以龙游商帮之称。龙游商人脑筋活络,在农耕之外,常借交通之便经商谋生。龙游有丰富的资源,山林竹木和茶漆粮油产量丰富,这些土特产品成为龙游商帮重要的外贸商品。

龙游商帮的显著特点是埋头苦干,不露声色。在珠宝、古董业中独占鳌头,在造纸、印书、刻书、贩书业中也有所建树,还在海外贸易中大显身手,是颇具实力的一大商帮。龙游商帮具有开拓进取、不畏艰辛的敬业精神,同时龙游商人在营商活动中,历来看重"财自道生,利缘义取""以儒术饰贾事";主张诚信为本,坚守以义取利的儒商品格,获得了良好的市场信誉。从根本上说,将诚信作为经商从贾的道德规范,正是龙游商帮获得成功的要诀。

【拓展阅读】

表3.1 十大商帮的文化特征和代表人物

商帮名称	山西商帮	徽州商帮	陕西商帮	山东商帮	福建商帮	广东商帮	宁波商帮	洞庭商帮	江右商帮	龙游商帮
所在地域	山西	徽州	陕西	山东	福建	广东	宁波	苏州	江西	浙江
文化特征	学优则贾,善于用人	贾而好儒,务实精明	行道较多,追逐厚利	重义守诺,恪守信用	爱拼会赢,亦盗亦商	内容丰富,敢为天下先	善于超越,后来居上	审时度势,更新观念	草根起家,讲究贾德	手段高明,海纳百川
代表人物	雷履泰	胡雪岩	贺达庭	孟洛川	蒲寿庚	张振勋	刘鸿生	荣氏兄弟	李宜民	沈万山

任务二 商帮文化的传承与发展

商帮文化的优良传统是我国商业持续发展的精神动力。弘扬商帮文化的优良传统,深度挖掘其精神内涵,传承和发展诚信为本、和合之道、敢为人先等优秀商帮文化,古为今用,对现代企业持续发展与创新具有深远的影响和意义。

一、我国商帮文化的核心价值观

明清时期正处于东西方文化交融、社会转型的历史时期,商人不再单打独斗,而是结成地域性的商帮组织,并形成了商帮的核心价值观。近代商帮文化的优良传统是我国商业持续发展的精神动力,现代新商帮文化也是在传统商帮文化的基础上传承、发展起来的。

(一)诚信为本

诚信是我国各地商帮共同信奉的一个原则。商帮文化以儒家文化为依据,主张以儒意通商。商人们严守信誉,代代相传。在市场竞争日益激烈的今天,追求最广泛意义上的社会信任成为企业共同的目标,诚信理念的确立匡正了商业秩序,稳定了市场,促进了企业之间的良性竞争。

享誉海内外的北京同仁堂是已有300多年悠久历史的著名中华老字号,在生产经营中始终坚持厚德诚信的优良传统。时至今日,同仁堂的各处门店都还贴着"炮制虽繁必不敢省人工,品味虽贵必不敢减物力"的对联。如今,它已成为历代同仁堂人的制药信条和诚信原则,确保了同仁堂金字招牌的熠熠生辉。

(二)和合之道

我国传统文化倡导群体本位的价值观与和合精神。源远流长的中华和合文化,成为商帮文化兼容性、创新性的精神食粮,以海纳百川、兼容并包的文化精神活跃在世界商场,形成了兼爱互利、凝聚和合、团结互助的优良文化传统。在经过改革开放40多年的不断探索和卓有成效的实践后,现代企业在学习和引进、改革与创新的过程中,重新认识到中华民族传统和合文化的深远意义,并在历史和现实的分析中揭示出和合文化的内涵和真谛——和气生财,合作制胜。创办至今已400余年仍生机勃勃的瑞蚨祥绸布店,就是和气生财的典范。

(三) 敢为人先

在商帮的发展进程中,各大商帮均力避墨守成规,根据时势变化不断改进经营方式,并创造出所有权与经营权分离、原始股份制形式等管理理念和运营机制,其科学性、严密性可以与现今跨国公司相媲美。与传承相同,创新同样是当代企业家应有的重要精神,有传统精髓的沉淀,更要有领先一步的创新。敢为人先、勇于创新的商帮文化对现代企业发展影响巨大。在市场经济的大潮中,更多的企业家以敢冒风险、敢为人先以及改革创新、善避风险的权变精神,在助推我国经济崛起中发挥了巨大而关键的作用。

二、新商帮的崛起与商帮文化传承

(一) 新商帮的崛起

明清时期初步形成的传统市场体系,有赖于作为市场主体的各个地方商帮来连接市场中的网络。改革开放以来,日渐崛起的浙商、苏商、沪商、京商、粤商和闽商,正悄然发展的鲁商、豫商,已经成为我国新商帮的代表。商帮的兴起同时也是我国民营经济崛起的一个体现,民营经济在改革开放以来一直扮演着不可忽视的角色,是我国经济发展的风向标,尽管发迹于坎坷之中,如今却已占据中国经济的半壁江山。成熟的民营经济进一步催生了商帮的复兴。

以浙商为例,民营经济是浙江经济发展的特色之一。浙江人做生意厉害,倒不在于他们有多少叱咤风云的大企业,而是有着深厚的民间基础和庞大的群体阵容,就是有"抱团精神",也就是我们所说的"商帮文化"。浙江人通过商会、行业协会等组织,群体合作编织出一个无所不在的商业网络。浙商还形成了巨大的人际网络和销售网络,这种网络就像人体的细胞或毛细血管,遍布市场的每一个角落。无论是资金融通,还是市场开拓,商会、行业协会都为浙商的发展壮大起到了不可估量的作用。改革开放后出现的现代商帮与区域经济发展,是我国商帮文化传承与发展的一种表现形式。

商会是商帮文化的载体,商会文化也是传承、革新商帮文化的产物。"北京浙江企业商会""北京福建企业总商会"等区域性标志明确的商会组织事实上也就是那些远离故土、异乡创业的各地商人的娘家,我们可以称之为"商帮文化"与时俱进的体现。

(二) 海外华商的发展

另外一支不可忽视的力量就是海外华商,如今,分布于世界各地的华人社团,就是中国商人在海外的商帮组织。他们为华商的海外经营提供了有力保障,在为所在国经济甚至世界经济发展做出贡献的同时,也为中国经济的腾飞与发展做出了不可磨灭的贡献。

2017年,时任国务院总理李克强会见第二届世界华侨华人工商大会的全体代表时说:"中华民族是一个大家庭,对祖国和祖籍国热爱、眷恋的家国情怀融入了每一位炎黄子孙的血脉。一代又一代华侨华人以勤劳、智慧、诚信的优秀品格,赢得住在国人民对中国人和中华文明的尊重,播下了友好的种子。中国改革开放和现代化事业取得的辉煌成就,海外华侨华人功不可没,祖国和人民也不会忘记。"

（三）新商帮崛起的积极效应

2006年5月,首届中国商帮峰会在杭州召开,十大商帮结成"中国商帮联盟",旨在加强相互之间的交流、协作,以利我国经济发展。

1. 有助于我国商业文化的传承与创新

深受儒家思想的影响,明清时期的地方商帮把"仁、德、礼、义"等道德观和商业经营的趋利性巧妙结合,总结出富有智慧的商帮文化。他们秉承"君子爱财,取之有道""诚信真善、义利并举"的商业思想,恪守"以诚待人、以义为利、以信接物、仁心为质"的经商理念,维护了商业秩序,获得了公众的高度信赖。由于我国疆域辽阔,商帮文化也呈现出鲜明的地域特色。如晋商的守信变通、鲁商的豪爽诚实、徽商的贾而好儒、洞庭商帮的审时度势等商业道德、商业思想,对今天社会主义商业文明建设仍富有启迪意义,其中丰富的经营谋略也值得学习和借鉴。

2. 有助于推动区域经济发展

基于牢固的乡族观念、共同的文化认同,各商帮都有强烈的反哺家乡的责任感和使命感。或返回家乡捐资助学、修桥铺路、开办企业,或成为家乡招商引资的主体对象和牵线搭桥的助手。商帮及其企业家在发展产业集群、加强地区联系、推动城镇兴起、促进人口流动等方面发挥了积极作用。如长江三角洲和珠江三角洲地区的繁荣离不开浙商、沪商、苏商和粤商的重大贡献。新商帮通过发展产业集群形成各自的竞争优势,进而也给区域经济带来发展的活力。

3. 有助于构建和谐社会

构建一个和谐、完善的协作网络是古代商帮增强凝聚力的有效途径。商帮内部一般很少互相排挤,而是主张通行互助、共同成长以发挥集体效应。他们大都十分注重自身形象,拥有很强的集体荣誉感。各商帮间也彼此尊重,诚信合作。现代市场经济条件下,新商帮视野更开阔,社会责任意识更强,可以在维护市场秩序方面发挥积极作用。他们能够互相监督、严格自律,有效维护商业秩序,构建和谐商业。同时,商帮内部也会形成一些竞争与合作规则,减少内耗与拼杀,提供公共服务,弥补市场缺陷,降低管理成本。商会甚至可以在国际竞争中扮演不可替代的重要角色,成为市场竞争和秩序的维护者。

4. 有助于实现多方共赢

面对激烈的商业竞争,集团性优势能增强实力,合作共赢才能实现自身发展。通过协作交流、互助互惠,增强认同感、归属感,形成凝聚力和向心力,这也是新商帮的取胜之道。作为一股独立的力量,商会在社会各界起到极大的协调作用。如浙商商会一向以制度完善、管理严明、公信力强著称。在许多地方,当地政府对浙商商会的承认度都非常高。抱团经营使得浙商的价值、地位提升,商会规范商业经营,促进经济增长,社会影响力大为提升。反过来又可以为商界争取政府支持,实现多方共赢。

5. 有助于提高中华商界的整体竞争力

在世界商业竞争中,我国商帮当属增强我国经济竞争力的一支重要社会力量。商帮联盟能使各方商业力量突破地域限制,联合参与全球资源配置,增强我国的国际竞争力。经济全球化时代,商帮不能再单打独斗,必须依托产业链,走更广泛的社会化分工、协作之路,在参与全球资源配置与竞争中做大、做强、做精、做好,这是新商帮的梦想和追求。

【拓展阅读】

一家传承 900 多年江右商帮厚重文化的书院

绵延了 900 多年的江右商帮文化,影响了一代又一代的赣商。为传承江右商帮文化、给赣商提供更前沿的管理智慧,财智名家牵手《中外管理》杂志,集中资源形成合力,联手创设"江右书院"。2017 年 10 月 20 日,江右书院正式落户南昌,并举行了隆重而热烈的揭牌仪式。

提及"江右书院"的取名,余欣永院长解释,赣商在历史上被称为"江右商帮",曾称雄中华工商业 900 多年,是我国古代实力最强的商帮之一。如今用此名,赋予其沉重的历史使命,以此激发广大江西企业家实现中华民族伟大复兴的中国梦。

余欣永院长强调,江右书院成立后,将依靠强大的资源为江西企业家们提供优秀中华文化与中西方管理智慧的双重滋养,从而努力培育出江右商帮的现代商业文明。

单元二 传承丝路商业文化

任务一 "一带一路"倡议

丝绸之路在 3 000 年前就已经存在,丝路文化也随之形成,促进了东西方物质文明和精神文明的交流。如今,我国在古丝绸之路的基础上提出了"一带一路"倡议,主动融入国际贸易,合作形成利益共同体和命运共同体,共同应对复杂的国际形势。"一带一路"作为我国重要的区域合作倡议,它是如何提出的?具有怎样的意义?

一、"一带一路"倡议提出的背景

(一)"一带一路"倡议的提出

"一带一路"是合作发展的理念和倡议,依靠中国与有关国家既有的双多边机制,陆续推出基建、交通的互联互通及贸易投资的便利化等措施,依赖丝绸之路经济、人文、商贸的千年传承,并赋予其新的合作意义。

2013 年 9 月和 10 月,国家主席习近平在出访中亚和东南亚国家期间,先后提出共建"丝绸之路经济带"和"21 世纪海上丝绸之路"(简称"一带一路")的重大倡议,得到国际社会高度关注。加快"一带一路"建设,有利于促进沿线各国经济繁荣与区域经济合作,加强不同文明交流互鉴,促进世界和平发展,是一项造福世界各国人民的伟大事业。

"一带一路"建设是一项系统工程,要坚持共商、共建、共享原则,积极推进沿线国家发展战略的相互对接。为推进实施"一带一路"重大倡议,让古丝绸之路焕发新的生机活力,以新的形式使亚欧非各国联系更加紧密,互利合作迈向新的历史高度。

(二)"一带一路"倡议的历史背景

2 100多年前,张骞两次出使西域开辟了一条横贯东西、连接欧亚的陆上丝绸之路。同时,汉代的远洋船队通过马六甲抵达印度洋,连接我国与欧亚国家的海上丝绸之路也逐步兴起。陆上和海上丝绸之路共同构成了我国古代与欧亚国家贸易和文化交往的大通道,促进了东西方的文明交流和人民的友好交往。在新的历史时期,沿着陆上和海上古丝绸之路构建经济大走廊,将给我国及沿线国家和地区带来共同的发展机会,拓展更加广阔的发展空间。

(三)"一带一路"倡议的时代背景

当今世界正发生复杂而深刻的变化,国际金融危机的深层次影响继续显现,各国面临的发展问题依然严峻。"一带一路"倡议顺应世界多极化、经济全球化、文化多样化、社会信息化的潮流,秉持开放的区域合作精神,致力于维护全球自由贸易体系和开放型世界经济,有利于促进经济要素有序自由流动、资源高效配置和市场深度融合,推动沿线各国开展更大范围、更高水平、更深层次的区域合作,共同打造开放、包容、均衡、普惠的区域经济合作架构。"一带一路"符合国际社会的根本利益,彰显人类社会的共同理想和美好追求,是国际合作及全球治理新模式的积极探索,将为世界和平发展增添新的正能量。

二、"一带一路"合作成果

截至2021年11月29日,我国已经同143个国家和32个国际组织签署200余份共建"一带一路"合作文件。合作不断走深走实,成果超出预期。

2019年,第二届"一带一路"国际合作高峰论坛成功举办并取得丰硕成果,共建"一带一路"国际共识不断凝聚,战略政策对接、基础设施互联互通、中欧班列建设、对外贸易和投融资合作等方面取得积极进展。

(一)以六大经济走廊为统领,我国与周边国家的关键基础设施互联互通项目建设扎实推进,西部陆海新通道建设正在成为助力南向互联互通的新引擎

1. 中巴经济走廊方向

最大交通基础设施项目——巴基斯坦PKM高速公路项目(苏库尔-木尔坦段)提前竣工;喀喇昆仑公路二期工程赫韦利扬至曼塞赫拉高速公路段通车、拉合尔轨道交通橙线项目建设完成;重点能源项目胡布电站正式投入运营,将满足400万家庭用电需求;瓜达尔港正式开展阿富汗过境货物业务。

2. 中蒙俄经济走廊方向

中俄能源合作的标志性项目——中俄东线天然气管道投产通气;中俄间首条跨境铁

路大桥——同江中俄铁路大桥合龙,通车后将使国内铁路与俄远东地区至西伯利亚铁路相连;中俄成立北极海运公司,北极航道开发利用合作和"冰上丝绸之路"向前再迈进;由"中国标准""中国技术"建设的高速公路——蒙古国乌兰巴托机场高速公路顺利移交蒙方使用。

3. 中国-中南半岛经济走廊方向

中老铁路取得积极进展,沿线多个特大型桥梁及隧道顺利贯通;中泰铁路一期工程设计完成;友谊关海关在中越友谊关口岸正式揭牌;中国东兴-越南芒街口岸北仑河二桥开通启用。

4. 新亚欧大陆桥方向

新疆首条到中亚全货机航线开通运营;TIR(《国际公路运输公约》)运输货物经霍尔果斯口岸入境,首次中欧"门到门双向公路运输"顺利完成。

5. 孟中印缅经济走廊方向

中缅铁路大瑞段福星隧道贯通等。

6. 海上丝绸之路方向

印度尼西亚雅万高速铁路首条隧道贯通、首座连续梁合龙。值得一提的是,2019年,《西部陆海新通道总体规划》颁布实施,标志着北接丝绸之路经济带、南连21世纪海上丝绸之路、协同衔接长江经济带的我国西部广大内陆地区对外开放新兴战略通道建设进入全面实施阶段,随着铁、公、海交通基础设施加快建设和国内外交通运输便利化协作机制的陆续建立,将大大提升南向互联互通的水平,成为中国-中南半岛经济走廊及海上丝绸之路建设的重要支撑。

(二)国内外运输合作机制助力提升中欧班列运营水平,中欧班列重箱率和返程问题得到有效解决

中欧班列的国际运输合作和国内协调机制逐步发挥作用,运输组织得到加强和优化,班列运营规模和质量显著提高。2019年,中欧班列共开行8 225列,同比增长29%,发送72.5万标箱,同比增长34%;综合重箱率达到94%,回程班列从2018年"去三回二"发展为2019年的"去一回一";货物种类不断丰富,从原来的手机、计算机等IT产品,扩大到服装、机电、粮食、酒类、木材、磁悬浮轨道梁、飞机等,整车进出口成为新的增长点。同时,中欧班列实现常态化运邮,"门到门"运输、"班列超市"以及特种运输等新型服务业态不断涌现,行业创新力显著增强。

(三)多双边金融合作机制日益扩展,投融资渠道不断丰富,金融机构服务"一带一路"建设的能力不断提升

国际多双边投融资合作机制不断健全,财政部联合亚洲基础设施投资银行、亚洲开发银行、拉美开发银行、欧洲复兴开发银行等成立多边开发融资合作中心;国开行牵头成立中拉开发性金融合作机制;亚洲金融合作协会"一带一路"金融合作委员会成立;亚投行不断强化使用本地货币融资能力,为印度、印度尼西亚、泰国、土耳其和俄罗斯等国提供本地货币融资方案;中日韩-东盟成立"10+3"银行联合体,并共同签署《中日韩-东盟银行

联合体合作谅解备忘录》。债券融资拓宽"一带一路"建设资金来源渠道：中国银行多机构多币种"一带一路"主题债券在香港上市；上交所市场推出以"一带一路"项目公司债券为参考债务的民营企业债券融资支持工具。

2020年，我国与"一带一路"沿线国家和地区经贸、投资合作不断深化。2020年，我国与"一带一路"沿线国家的货物贸易额达1.35万亿美元，同比增长0.7%，占我国总体外贸的比重达到29.1%。2020年我国对沿线国家非金融类直接投资达177.9亿美元，同比增长18.3%。

【拓展阅读】

亚投行

亚洲基础设施投资银行（Asian Infrastructure Investment Bank，AIIB）简称亚投行，是一个政府间性质的亚洲区域多边开发机构。重点支持基础设施建设，成立宗旨是为了促进亚洲区域的建设互联互通化和经济一体化的进程，加强中国与其他亚洲国家和地区的合作，是首个由中国倡议设立的多边金融机构，总部设在北京，法定资本1 000亿美元。截止到2021年10月，亚投行有104个成员国。

2014年10月24日，包括中国、印度、新加坡等在内的21个首批意向创始成员国的财长和授权代表在北京签约，共同决定成立亚投行。2015年12月25日，亚洲基础设施投资银行正式成立。2016年1月16日至18日，亚投行开业仪式暨理事会和董事会成立大会在北京举行。亚投行的治理结构分理事会、董事会、管理层三层。理事会是最高决策机构，每个成员在亚投行有正、副理事各一名。董事会有12名董事，其中域内9名、域外3名。管理层由行长和5位副行长组成。

亚投行的主要职能有：

(1) 推动区域内发展领域的公共和私营资本投资，尤其是基础设施和其他生产性领域的发展。

(2) 利用可支配资金为本区域发展事业提供融资支持，包括能最有效支持本区域整体经济和谐发展的项目和规划，并特别关注本区域欠发达成员的需求。

(3) 鼓励私营资本参与投资有利于区域经济发展，尤其是基础设施和其他生产性领域发展的项目、企业和活动，并在无法以合理条件获取私营资本融资时，对私营投资进行补充。

(4) 为强化这些职能开展的其他活动和提供的其他服务。

任务二 "一带一路"商业文化

一、"一带一路"建设的文化新内涵

"一带一路"倡议从提出走向实践、从愿景变为行动，进展和成果超出预期，合作伙伴越来越多，影响力和号召力日益增强。这种成效的取得，文化扮演了先行者的角色。习近平总书记指出："中华民族伟大复兴需要以中华文化发展繁荣为条件。"因此，推进"一带

一路"建设,必须深入挖掘"一带一路"建设的文化内涵。

(一)"一带一路"建设是中华优秀传统文化的传承

中华传统文化具有 5 000 多年的历史,厚重地承载了人类社会的各种认知、经验和感悟。通过丝绸之路,我国古人同丝绸之路沿线国家开展了广泛的文化交流,书写了人类历史共同发展的壮丽篇章。古代丝绸之路上下 3 000 年,几乎是一部古代文明整合的历史,它加强了古巴比伦、古埃及、古印度和中国四大文明古国的对话,沿线国家在平等互尊、求同存异、互惠互利、合作共赢中谋求发展。

"一带一路"建设强调"和平、合作、发展、共赢"的核心理念,强调"政策沟通、设施联通、贸易畅通、资金融通、民心相通"五个合作重点,强调"利益共同体、责任共同体、命运共同体"三个共同体的建设,这些原则中所蕴含的文化精神和丝路精神一脉相承,在中华优秀传统文化中都能找到其基因和根脉。因此,"一带一路"建设是将古丝绸之路延续千年的经济、文化、商贸友好交流传统继承下来的重要举措,是对中华优秀传统文化的传承和发展。

(二)"一带一路"建设是中华文化自信的充分体现

"一带一路"建设具有深厚的历史和文化底蕴,深深扎根于中华优秀传统文化之中。"和平合作、开放包容、互学互鉴、互利共赢"的丝路精神,充分彰显了中华文化自信。

"一带一路"建设致力于将中国发展融入世界共同发展之中,为沿线国家和地区以及世界范围内的文化交流与合作发展提供新的机遇和平台。在推进"一带一路"建设过程中,文化交流与合作通过中国文化节、建立海外中国文化中心及文化交流年等多种形式进行,可以说,丝路精神是中国传统文化在国际交往领域的集中展现。"尚和合、求大同"的中国传统文化的思想精髓,已经得到广泛的社会认同,在"一带一路"建设中得到了充分体现。

(三)"一带一路"建设是世界文明互鉴的重要途径

"弘扬丝路精神,就是要促进文明互鉴。"文明互鉴能促进民心相通,民心相通在于文化的相互理解和相互尊重,历史、语言、风俗等的认知和交流是民心相通最广泛的领域。"国之交在于民相亲",民心相通能使国际关系的"亲、诚、惠、容"准则渗透于各国人民的生活和心田。人类文明没有高低优劣之分,因为文明互鉴而变得丰富多彩,正所谓"五色交辉,相得益彰;八音合奏,终和且平"。"一带一路"沿线国家民族众多,政治立场、利益诉求、行为模式都存在巨大差异,"一带一路"建设能充分发挥文明互鉴的向导力、融合力和创造力,促进各国之间的文化交流,互学互鉴,从而起到消除偏见、化解歧见、增进共识的效果。

"一带一路"是沟通世界文明的新纽带。"一带一路"不仅是一条经济发展之路,也是一条文明交流之路。它有利于将各个文明更加紧密地联系在一起,推动人类文明创新,从而成为构建人类命运共同体的文明之路。

二、"一带一路"商业文化的交流传播

文化交流中所形成的文化认同是区域合作的基石。当今世界,区域合作建设较好的地区一般都有比较高的文化认同和文化凝聚力,而丝路精神正是在"一带一路"建设中形成和依靠的文化认同。有了文化认同才能达成共识,进而实现合作共赢,文化认同的前提必须是各国进行文化交流。全球化背景下,文化作为综合国力的一部分,文化输出反映了一个国家的软实力,文化的交流也是促进国家和民族交流的重要途径。改革开放使得我国在社会经济和思想观念等方面发生了巨大的变化,物质极大丰富,文化交流频繁。"一带一路"倡议的实施,为文化产业的发展带来了巨大的空间和机遇,初步形成了覆盖世界主要国家和地区的政府间文化交流与合作网络,大力推进了文化交流品牌的建设。

(一)打造中外文化交流品牌

"一带一路"文化交流形式多样。我国与沿线国家互办艺术节、电影节、音乐节、文物展、图书展等活动,合作开展图书、广播、影视精品创作和互译互播。丝绸之路国际剧院、博物馆、艺术节、图书馆、美术馆联盟相继成立。我国与中东欧、东盟、俄罗斯、尼泊尔、希腊、埃及、南非等国家和地区共同举办文化年活动,形成了"丝路之旅"中非文化聚焦等10余个文化交流品牌,打造了丝绸之路(敦煌)国际文化博览会、丝绸之路国际艺术节、海上丝绸之路国际艺术节等一批大型文化节会。在沿线国家设立中国文化中心,并成功打造"欢乐春节""丝路之旅""青年汉学家研修计划""中华文化讲堂""千年运河""天路之旅""阿拉伯艺术节"等近30个国际文化旅游品牌。我国与印度尼西亚、缅甸、塞尔维亚、新加坡、沙特阿拉伯等国家签订了文化遗产合作文件。中国、哈萨克斯坦、吉尔吉斯斯坦共同申报的"丝绸之路:长安-天山廊道的路网"成功入选联合国教科文组织的《世界遗产名录》。"一带一路"新闻合作联盟建设积极推进,丝绸之路沿线民间组织合作网络成员已达310家,成为推动民间友好合作的重要平台。

(二)搭建青年互动友谊之桥

青年是未来,青年是希望,我国政府特别重视中外青年的互动交流。"一带一路"倡议提出以来,围绕这一主题举办的中外青年文化交流活动异彩纷呈。2018年5月,"一带一路"青年创意与遗产论坛在长沙和南京举办,来自51个国家的73名青年代表参加了论坛。习近平主席于2018年8月28日给参加"一带一路"青年创意与遗产论坛的青年代表回信,强调"青年是国家的未来,勉励他们为构建人类命运共同体作出自己的努力"。

(三)教育为文化交流提供支撑

教育从来都是不同文明之间互学互鉴的重要桥梁和纽带,更是文化交流的强力支撑。为配合"一带一路"倡议,教育部发布了《推进共建"一带一路"教育行动》。《推进共建"一带一路"教育行动》设计了"四个推进计划",一是实施"丝绸之路"留学推进计划,设立"丝绸之路"中国政府奖学金,为沿线各国专项培养行业领军人才和优秀技能人才;二是实施"丝绸之路"合作办学推进计划,促进高等学校、职业院校与行业企业深化产教融合;三是实施"丝绸之路"师资培训推进计划,加强先进教育经验交流,提升区域教育质

量;四是实施"丝绸之路"人才联合培养推进计划,推进沿线国家间的研修访学活动。

据统计,中国政府奖学金吸引力不断提升,来我国高等院校学习的外国留学生连续增长,引领来华留学高质量发展。我国已经成立中俄、中美、中法、中英、中欧盟、中印尼、中南非、中德八大中外人文交流机制,与188个国家和地区建立了教育合作与交流关系,与46个重要国际组织开展教育合作与交流。

(四)文化产业在"一带一路"沿线传播

国与国之间的文化交流依赖于文化产业的交流与发展。为促进我国文化的传播,展现"一带一路"倡议的文化传播价值,增进国际交流与合作,加快我国的文化产业发展,实施文化"走出去"战略势在必行。政府间的文化交流项目是文化传播的重要内容,如艺术团体访问、文化年、文物展、大型主题晚会等,为中国传统文化向海外传播提供了范例、做出了贡献。此外,市场化的文化产品是我国传统文化向外传播的重要载体,如笔墨纸砚、刺绣、丝绸等。以政府文化项目牵头,以市场文化产业为主体的文化传播,不仅能够增进各国人民之间的友谊,更能提高"一带一路"倡议中文化传播与交流的经济效益,带动沿线国家经济发展。

三、"一带一路"商业文化的传承与创新

(一)传承与创新"一带一路"商业文化,提升文化影响力

文化的影响力超越时空,跨越国界。文化交流是民心工程、未来工程。古丝绸之路是一条文化交流之路。古代中国许多科学创造通过丝绸之路传到西方后,对促进西方近现代科学的发展起到了积极作用;近代西方的一些现代科学知识,也是通过海上丝绸之路传到中国的。"一带一路"构想涉及几十个国家、数十亿人口,这些国家在历史上创造出了形态不同、风格各异的文明形态,是人类文明宝库的重要组成部分。"一带一路"是沿线国家不同文化深入交融的融合剂。不同文明之间的交流互鉴,是当今世界文化发展繁荣的主要渠道,也是世界文明日益多元、相互包容的时代标签。

我国与沿线沿途国家的文化交流形式越来越新、内容越来越多、规模越来越大、影响越来越广。比如,我国与沿线大部分国家都签署了政府间文化交流合作协定及执行计划,民间交流更加频繁,合作内容丰富,与不少沿线国家都互办过文化年、艺术节、电影周和旅游推介活动等,近几年在不同国家还多次举办了以"丝绸之路"为主题的文化交流与合作项目。以文化促合作需要立足现有基础、打造新模式、探索新机制,深入开展与沿线国家的文化艺术、科学教育、体育旅游、地方合作等友好交往,密切我国人民同沿线各国人民的友好感情,夯实我国同这些国家合作的民意基础和社会基础。我国充分发掘沿线国家深厚的文化底蕴,继承和弘扬"一带一路"这一具有广泛亲和力和历史感召力的文化符号,积极发挥文化交流与合作的作用,共同促进不同文明的共同发展。

(二)传承与创新"一带一路"商业文化,促进世界和平发展

古丝绸之路的精神核心是"和平、友好、开放、包容",已经成为人类文明的共同财富。今天的丝绸之路沿线各国,是拉动世界经济增长的引擎,是世界多极化和全球化的中坚力

量,通过"一带一路"文化交流加强各国友好往来,增进相互了解,是实现世界持久和平的重要基础。

"一带一路"沿途沿线大多是新兴经济体和发展中国家,普遍处于经济发展上升期,在文化交流的基础上深挖各国之间的合作潜力,推进区域基础设施、基础产业和基础市场的形成,推进贸易投资自由化和便利化,必将从根本上缩小经济发展差距,确立符合世界经济发展多样性的合作新范式。创新合作模式、发展本国经济、优化产业布局、实现互补共赢符合各方利益。

"一带一路"是连接沿线国家的文明之路,加快了世界文明的交融交汇,推动了世界文明的共建共进,"一带一路"商业文化也在各国的交流互动中得以创新。"百姓昭明,协和万邦"这一理念通过"一带一路"进一步传承、播撒、生根、发芽、成长。"一带一路"倡议提出以来,中外文化交流工作成效显著,成果丰硕,以"一带一路"为主题的文化活动明显增多,品牌化趋势明显。持续推进的"一带一路"建设将促进中外文化交流继续向深层次、全方位发展,为推动世界文明繁荣发展、构建人类命运共同体发挥重要作用。

【拓展阅读】

2021年5月,中华人民共和国文化和旅游部组织开展了2021年"一带一路"文化产业和旅游产业国际合作重点项目征集与扶持工作。经地方推荐、合规性审查、专家评审复核,拟认定18个申报项目为文化和旅游部2021年"一带一路"文化产业和旅游产业国际合作重点项目。

表3.1

序号	报送地区	项目名称	申报主体
1	北京	动画片《音乐公主爱美莉》海外发行	北京爱奇艺科技有限公司
2	黑龙江	冰尚杂技海外商演	黑龙江省冰尚杂技舞蹈演艺制作有限公司
3	上海	面向"一带一路"沿线国家和地区的中华优秀文化云演播项目	咪咕视讯科技有限公司
4	江苏	动画片《多多的童话》创作与海外推广	苏州欧瑞动漫有限公司
5	山东	文化尚品海外文化贸易中心	山东同程尚品文化传媒有限公司
6	山东	三和智能玩具海外生产销售	山东三和玩具股份有限公司
7	山东	新光影文化贸易创客基地	山东漫博通教育科技有限公司
8	河南	杂技剧目《水秀·龙石》(黄河版)海外商演	河南省杂技集团有限公司
9	河南	中外合拍动画片《发明家创想乐园奇遇记》海外发行	河南约克动漫影视股份有限公司
10	湖北	中外合拍动画片《玉崆》创作与海外发行	太崆动漫(武汉)有限公司

续表

序号	报送地区	项目名称	申报主体
11	湖南	数字文化产业及 H.629.1 国际标准创新示范应用推广	京东方艺云科技有限公司
12	广西	动画片《海豚帮帮号》海外发行	南宁峰值文化传播有限公司
13	四川	光之交响·上元雅集国际彩灯节海外巡展项目	自贡海天文化股份有限公司
14	四川	自贡腾达海外彩灯嘉年华	自贡腾达彩灯文化艺术有限公司
15	陕西	兵马俑VR影片"一带一路"国际巡展及线上文旅VR云平台项目	西安可视可觉网络科技有限公司
16	陕西	中外合作音乐剧《丝路之声》	陕西旅游集团朗德演艺有限公司
17	新疆	新疆兄弟联盟文化贸易跨境电商平台	新疆兄弟联盟网络科技有限公司
18	—	舞台剧《一条大河》创排及海外线上推广	中国东方演艺集团有限公司

单元三　传承老字号文化

任务一　中华老字号文化的内涵

一块招牌，就是一段传奇。中华老字号有着独特的文化内涵和品牌价值，关注度高，信任度高。2018年发布的中国品牌价值百强榜单上，11家中华老字号入围……可以说，越来越多的老字号正在重回人们视野。老字号文化要顺应时代发展不断创新，寻找商业文化内核，保持生机与活力。

一、中华老字号的认定背景

老字号大都产生于明代或清代。随着商品经济和手工业的发展，在城市中逐渐形成了米市、肉市、布市等行业性专门市场或庙会市场；到了明、清时期，在一些大、中城市中形成了繁华的商业街区，街区里店铺林立、商贾云集，一大批闻名遐迩、各具特色的老字号就栖身其中。经过长期的竞争，各行各业形成了一些历久不衰、颇受消费者欢迎的产品和服务项目——这就是老字号的缘起。

中华老字号是中华传统商业文化的象征、民族历史的活化石。对老字号企业的认定，就是要进一步摸清老字号资源，深入挖掘老字号潜力，充分发挥老字号作用，努力恢复老字号活力，将老字号做大做强，成为占领国际市场、推动经济发展的生力军。被认定为中华老字号的企业或品牌将由商务部授予牌匾和证书。商务部拟重点培育一批优势明显、具有发展潜力的中华老字号，采取多种有效措施，进一步增强这些企业和品牌的自主创新能力和国际竞争能力,成为老字号中的名牌,在引导老字号整体发展中发挥示范带头作用。

二、中华老字号文化的内涵

中华老字号品牌内涵丰富,充分显示出中华文化的多元性、丰富性和差异性。

(一)以礼待人

中国人注重"礼数",老字号也不例外。以礼待人、真诚周到是老字号的立身之本。老字号能在历史的浪潮中生存下来,除了产品深受欢迎之外,良好的商誉也是一个重要方面。老字号一般都以热情周到的服务和透明公道的价格著称。例如,"瑞蚨祥"不但服务好,还注重店容店貌的卫生整洁、服务员的职业着装和文明用语,为顾客创造了一个舒适、温馨的购物环境。

(二)注重质量

独特的加工工艺、历经几代人传承的"绝活"是老字号得以生存的法宝。如"同和居"的"三不粘"——一不粘盘、二不粘筷、三不粘牙,色泽金黄,香甜不腻,是一道火候极为讲究的菜品,功夫不深是很难做成的。"狗不理"包子之所以受欢迎,不仅体现在选料、配方上,制作工艺也非常独到,搅拌、揉面、擀面都有一定的讲究,有着严格而又特殊的标准。正是由于一贯本着选料精而纯正、制作讲究的经营作风,因此,各家老字号在市场上享有很高的信誉。

(三)以人为本

老字号通常会根据季节、时令的变化应时推出各种产品以满足顾客的要求。清明节不光是祭祀,还有踏青、插柳等民俗,"稻香村"推出"踏青果"、"内联升"有"踏青鞋"。端午节蕴含着深厚的中医文化,在某些地域还有喝药酒的习惯,像"同仁堂""鹤年堂"这些老字号,在端午这个时令会推出利于养生的产品。想顾客之所想,真正做到顾客的心坎里,这是老字号以人为本的为商之道的基本内涵。

任务二 中华老字号文化的传承和发展

一、中华老字号的优秀特征

(一)老字号具有悠久的历史和文化内涵,名称老,企业老

因为被定义为老字号的企业必须产生于1956年之前,所以这些老字号都至少经历了几十年甚至上百年的历史沉淀,被视为中国商业文化乃至传统文化的"活化石""活文物"。作为商业企业的老字号更像是一段段历史的记忆留在人们心中,历久弥新。它们是中华民族经济发展的缩影和精华,尽管一些老字号可能就是一个小店面,但历史的印记已经深深刻入骨髓,写满了文化特质。历史和文化是老字号不可替代的底蕴与积淀。

（二）老字号具有无可替代的产品、技术、特色和服务，优势突出

大部分老字号最初都是创始人做的小生意，在多年的经营中积累了宝贵的经验、独特的理念和神秘的配方，并在中国特有的家文化下代代相传。

（三）老字号享有盛誉，品牌知名度非常高

老字号的高信誉表现在：第一，产品质量优良，在消费者心目中树立了良好的形象；第二，以顾客为核心的经营理念。"黍稻必齐，曲糵必实，湛之必洁，陶瓷必良，火候必得，水泉必香"的"六必"是六必居一直恪守的古训。"自采、自窨、自拼"的"三自"是吴裕泰保品质、立品牌的基础。内联升创办人赵廷秘藏《履中备载》，专记特殊的靴鞋尺寸、样式和特殊脚型。这些老字号的古训、标准、原则是其技能、特色、服务的体现。再比如，送货上门、微笑服务、包退包换等现代服务和经营理念，最早都是老字号所使用的。

（四）老字号因扎根地域文化而具有民族性和文化性

在数百年的历史洪流中，老字号逐步打造出了自己的文化特质，其商号招牌、经营理念、商业传统、祖训店训等具有鲜明而独有的特征。老字号作为一个行业的佼佼者，既与行业发展息息相关，又与地方经济紧密联系，具有明显的地域特征，更是整个中华文明发展的缩影和见证。

二、中华老字号的传承与创新

（一）坚守主业，推陈出新

中华老字号是国家文化软实力的重要组成部分，历经数百年变迁发展，有着深厚的历史文化底蕴，承载着历史的记忆，蕴含着传承与创新的精神。经过岁月的洗礼、时间的冲刷，没有被大众遗忘，而是披沙拣金，以更饱满的姿态展现于人前。因此，老字号首先要坚守初心，扎根丰富、深厚的历史文化内涵，打造现代中国的特色品牌。中国茶叶有限公司在深耕中国茶产业的辉煌历程中，长期承担着为国家建设事业出口创汇的重任。"做好老字号品牌，需要扎扎实实做产品，认认真真搞研发，老老实实做品质，它的产品才有将来，要做老百姓买得起、喜欢用的产品。"不忘初心是中国茶叶讲究"和"文化的核心要义，茶如此，对于被称为"百年国药"的老字号——寿仙谷药业来说，也是如此。公司秉承"重德觅上药、诚善济世人"的祖训，恪守"为民众的健康美丽长寿服务，创百年寿仙谷"的宗旨，坚定不移地走研发之路，这是老字号保持长寿的秘诀之一。

除了保持老字号的文化理念之外，如何在现有的基础上不断研发，增加产品的技术竞争力，也是老字号保持品牌活力的要素之一。江苏恒顺集团有限公司是镇江香醋的创始者、中华老字号企业。"恒顺坚持在传统香醋基础上，自主创新产品，仅调味醋和养生健康醋品种数量就达100多个。"经过100多年的传承和发展，恒顺从原先的传统作坊式酱醋生产企业，成长为一家跨行业、跨地区的现代企业集团。

(二)转变思路,放眼未来

随着互联网时代的到来,渠道不断下沉,消费场景与消费主体逐渐朝着多元化发展,"品牌年轻化"成为热词。中华老字号,作为中国的宝贵遗产,也是现代中国的特色品牌,如何在新的消费形势下,吸引作为消费主体的年轻人的注意力,同时又保持老字号传统的品牌理念,成为值得所有老字号品牌深思的问题。与此同时,在如何转变思路,在传承与创新之间做权衡,已有诸多企业做出了良好的示范。品牌创新要紧跟时代步伐,用心去关注消费者的迭代升级,既要满足消费者的需求,更要创造消费者的需求,助推老字号品牌产品升级、产业升级。同时也要持续学习、深度学习,积极引入新的现代企业管理思想和管理方法,让老字号焕发出勃勃生机。有的老字号专注于技术创新,有的则专注于品类创新。

(三)多方助力,共创品牌

老字号品牌,指的并不仅仅是一个产品、一个企业,更多指的是具有中国特色的中华老字号品牌集群。在这个意义上,它不仅仅代表商业上的品牌,同时还承载着文化层面的深刻内涵。创立一个产品品牌可能是一家企业能够做到的事情,可是保持整个中华老字号的活力,则需要多方助力,从不同方面去维护、提升中华老字号的国际影响力。

打造老字号品牌,首先离不开品牌上的高站位,强强联合是做大品牌的必由之路。企业作为最重要的品牌建设主体,在品牌集群建设中更是发挥举足轻重的作用。老字号企业之间要进行广泛的跨界合作,强化知识产权保护,同时要借助媒体开展整合营销传播、互动传播、口碑传播及精准传播,促进中华传统文化的继承与发扬。扎根中国,创新产品特色;着眼海外,拓宽发展道路。促进国内就业和产业升级同样是老字号品牌的历史责任。

中华老字号品牌是我国历史上传承下来的具有优秀文化内涵的瑰宝,老字号品牌常常通过自身所展现出来的文化元素和其他品牌产生差异化。随着时代的发展,各种外来文化纷纷涌入国内,我国具有鲜明特点的老字号品牌也应该走向世界,让世界各国人民了解中华文化。中华老字号品牌的发展不仅是品牌企业的发展,更是中国文化影响力的体现。因此,要想实现中华老字号品牌的传承与发展,就需要提升老字号品牌持久发展的识别性,走出一条符合实际、特色鲜明的品牌建设之路。

【拓展阅读】

《"中华老字号"认定规范(试行)》

一、名称

中华老字号　China Time-honored Brand

二、定义

历史悠久,拥有世代传承的产品、技艺或服务,具有鲜明的中华民族传统文化背景和深厚的文化底蕴,取得社会广泛认同,形成良好信誉的品牌。

三、认定范围

中华人民共和国境内的有关单位(企业或组织)。

四、认定条件

……

五、认定方式

1. 由商务部牵头设立"中华老字号振兴发展委员会"(以下简称振兴委员会),全面负责"中华老字号"的认定和相关工作。

2. 振兴委员会下设秘书处、专家委员会。秘书处设在商务部商业改革发展司,负责振兴委员会的组织、协调和日常管理工作。专家委员会由各行业专家、法律专家、商标专家、品牌专家、企业管理专家、质量专家、历史学家等组成,主要负责"中华老字号"的评审,并参与相关工作的论证。

3. 原经有关部门认定的"中华老字号"要重新参加认定。

六、认定程序

具备"中华老字号"认定条件的单位,向所在地市级商务主管部门申报,并由省级商务主管部门(含计划单列市商务主管部门,下同)审核后报振兴委员会认定。程序包括:提出申请、资料提交、调查鉴别、认定评审、公示、做出决定、复核、注册存档、核发证书等。具体步骤:

1. 提出申请:有关单位根据自身情况填写申报表,并报所在地市级商务主管部门。

2. 资料提交:所在地市级商务主管部门对提交的申请进行初评,确认申请有效的,指导申报单位按照规定格式提交有关资料,并报所在省级商务主管部门。

3. 调查鉴别:省级商务主管部门组织有关机构、专家对申报单位提交的资料进行调查与鉴别,并提出初步评估意见报振兴委员会。

4. 认定评审:振兴委员会组织专家对资料进行分析,必要时对有关内容进行现场调研,提出评审意见,撰写认定报告。

5. 公示:在有关媒体公示拟认定为"中华老字号"的企业和品牌名单,任何单位或个人对名单有不同意见的,均可向振兴委员会提出异议。

6. 做出决定:拟认定为"中华老字号"的企业和品牌在公示期间无异议或者异议不成立的,由振兴委员会做出决定,认定为"中华老字号"。

7. 复核:申报单位对认定结果有疑义的,可向振兴委员会提出复核,复核结果在接到复核申请后30天内做出。

8. 注册存档:认定过程涉及的所有资料均由振兴委员会存档保留,并负责管理。

9. 核发证书:对通过认定的"中华老字号"以商务部的名义颁发牌匾和证书。

七、动态管理

1. "中华老字号"所在单位须于每年3月15日前向振兴委员会提交上一年度经营情况的报告,由振兴委员会审核备案。

2. "中华老字号"所在单位出现严重的违法违规、失信行为,或未按规定提交年度经营情况报告的,经振兴委员会核定后责令其整改。6个月内未见明显效果的,振兴委员会可以暂停或取消相应的"中华老字号"称号,并予以公示。

有关"中华老字号"的具体管理办法另行制定。

【测试与思考】

一、简答题

1. 明清时期十大商帮的各自经商特点是什么?
2. 传承商帮文化的重要性是什么?
3. 如何解读"一带一路"倡议?
4. 如何传承中华老字号文化?
5. 结合自身情况,请回答对于老字号文化的传承和发展,我们可以做出哪些努力?

二、案例分析题

  浙江人历来善于经商,改革开放以后,新浙商延续浙江人的经商传统,继续逐鹿商海。浙江商人擅长小中见大,他们懂得,一个宏大的事业总是从第一步开始,脚踏实地,一步步攀登商业高峰。大企业来自小企业,亿万财富来自分分角角……日积月累,年年岁岁,便可积少成多。因此他们在创业中奉行"微利是图",坚持薄利多销,不以利小而不为,从赚小钱开始,然后逐步赚大钱。浙江商人敢于"无中生有",善于"小题大做",勇于"以小博大",他们从家庭手工作坊起步,从数百、上千元的原始资本起家,从小商品生产、小本生意开始经营,经历了从小到大的自我积累历程,尝到了"小中见大""以少胜多"的艰难和快乐,绘就了"浙江现象""浙江模式"的宏大画卷。"小商品大市场""小区块大产业""小资源大制造""小资本大经营""小城市大经济""小人物大企业"等,如同钱江水汇成钱江潮,汹涌壮观,其形千姿,其势万钧。

  请思考:
1. 新浙商除了小中见大,还有哪些商业精神?
2. 新浙商是如何传承与发展商业文化的,其有什么意义和影响?

【实训安排】

聆听传统商业文化的故事,理清商业文化传承的脉络

一、实训目标

  通过本次实训,使学生更加深刻地感受到商帮文化对现代商业文化的影响,以及"一带一路"倡议的意义,并且学会分析传统商业文化在历史文化传承和发展中的重要性。

二、实训内容

  通过观看视频、查阅书籍、参观博物馆、实地游览等方式,整理古代商帮、丝绸之路、老字号品牌的相关资料,并且能够提出传承和发展传统商业文化的可行性建议,形成报告。

三、实训要求

  能充分了解商帮文化、丝路文化等商业文化,能认真查阅传统商业文化的资料并认真

分析，提炼重要信息，思考如何传承、发展。提出创新的观点，且观点切合实际。

四、实训成果

学生通过小组讨论形成报告并汇报。

五、评价标准

根据实训成果，进行"优、良、中、及格、不及格"打分。

模块四　提升商业道德

【素质目标】

◎传承健康、正面的义利文化,激发爱国主义精神。
◎具备经商基本职业道德素质,提升个人商业素养。

【知识目标】

◎理解商业道德的产生、内涵,了解遵守商业道德的重要性。
◎理解商人品格的含义,了解商人品格的功能和作用。
◎掌握经商之道。

【能力目标】

◎能够结合所学知识,判断商业活动是否符合道德要求。
◎能够根据实际案例,分析商业道德缺失引发的问题并提供解决方案。

【模块导读】

商业道德是道德规范在具体商业情境和商业活动中的应用。作为一种意识形态,不仅为一定的社会经济和文化所决定,而且也反作用于一定的社会经济,对商业活动具有重要的指导意义。我国自古以来就有诚信经营、以义取利、价实量足等从商要求,伴随着商业的发展,这些品质构成了中国商人最基本的职业道德。本模块旨在让学习者了解商人应具备的品格和经商之道,并了解这些道德品质在商业经营活动中的功能及作用,构建遵守商业道德的意识。

【引导案例】

鸡毛换糖

说到义乌,很多人会想到"鸡毛换糖"的故事,这是浙商标志性事件之一。

40多年前,义乌还是浙江中部一个贫困的农业小县,人多地少,资源贫乏。但义乌人自古就有经商的习惯。农闲时,义乌货郎们便肩挑货郎担,手摇拨浪鼓,走南闯北,走街串巷,以糖、草纸等低廉物品换取居民家中的鸡毛等废品以获取利润。义乌的老敲糖人说:"鸡毛最贱,可是它养活了我们祖祖辈辈。鸡毛虽轻,可有点儿风,它就能飞上天去。"

案例思考：
1. 你认为义乌商人具备哪些品格？
2. "鸡毛换糖"的故事对创业者来说有什么启示？

单元一　商人品格

商人想在充满竞争的商场赢得一席之地、立足长远，必须具备开拓的思维、坚忍的意志和高尚的品格。商人品格代表了商人及企业的形象，塑造宝贵的商人品格对企业发展具有至关重要的意义。商人的优秀品格体现在众多方面，最为突出的是诚实守信、义利并重、精明强干和勤勉节俭。

任务一　诚实守信

《论语》曰："民无信不立。"诚实守信是每个人立足社会的根本，也是社会良性运行与和谐发展的基础和价值支撑。作为商业文化的核心，诚实守信是商人必备的品格，也是商人从事经营活动的基本准则。诚信是企业发展的资本、当代信用经济的基础、社会经济运行的原则。

一、诚实守信的含义

诚实守信即古文中的诚信，最初"诚"与"信"并不是一个完全一体的概念，而是分开使用的。直到春秋时期，管仲提出"诚信者，天下之结也"，"诚"与"信"才开始合在一起使用。诚实就是诚恳、真实，忠于事物的本来面貌，言行一致，表里如一，不说谎，不弄虚作假，不歪曲事实。守信就是讲信用，讲信誉，信守承诺，忠实于自己承担的义务，答应了别人的事一定要去做。

"诚"左半部为"言"，意为说话、发言，右半部为"成"，意为全部、完全的意思，合起来的意思就是讲话要全心全意，不掺杂任何水分和欺瞒，真挚地表达自己的想法和观点，不遮遮掩掩。在社会生活中，"诚"常常表现为"诚实""真诚""不欺骗"等。

从"信"字的结构可以看出，"信"由"人"和"言"两个字组成，可以直观地看出其强调的核心是人说话要说到做到，一言九鼎，信守承诺。"信"始见于《尚书》，其中记载了商汤讨伐夏桀时的誓词："尔无不信，朕不食言。"这里的"信"意为可信、守信。孔子认为："人而无信，不知其可也。"孔子把"信"列入"恭、宽、信、敏、惠"五德之中，强调要"言而有信"，认为只有自己做到"信"，才能得到他人的信任。守信即遵守信约。一个人说话算话、信守承诺，才能够在他人面前建立起信用，得到社会的认可。信是一个人立身之本，如果没有信用，也就失去了立足之基。

诚实、守信组合起来的意思就是一个人要真实、完整地表达自己的想法，并且说过的话不能轻易地改变，要言而有信。诚实侧重于"内诚于心"，是个人内在的道德体现；守信则侧重于"外信于人"，是外在的准则、规范。诚与信形成了一个由内而外、内外兼修、内涵丰富的词语——诚信,成为传统文化的核心价值观之一。

二、诚实守信的作用

"人无诚信不立;家无诚信不和;业无诚信不兴;国无诚信不宁。"诚实守信,在社会生活中无时无刻不发挥着重要作用。诚实守信作为一项道德基准,对人们兼具教育、激励功能,也具有约束规范功能。就个人而言,诚实守信是高尚的人格力量;就企业而言,诚实守信是宝贵的无形资产;就社会而言,诚实守信是正常的生产生活秩序;就国家而言,诚实守信是良好的国际形象。

(一)诚实守信是个人安身立命的基础

诚实守信是个人必须具备的道德素质和品格,个人诚信是社会诚信的基础。诚实不仅是德、善的基础和根本,也是一切事业得以成功的保证。"守信"是一个人形象和声誉的标志,也是人所应该具备的最起码的道德品质。孔子说:"信则人任焉。""人而无信,不知其可也。"诚于中而必信于外。诚信是实现自我价值的重要保障,也是个人修德达善的内在要求。缺失诚信会在他人面前暴露缺陷,难以再取得他人的信任,影响后续合作。因此,诚信是个人立身之本、处世之宝。诚实所达到的程度决定修德所能达到的高度,正可谓:"精诚所至,金石为开。""天下无不可化之人,但恐诚心未至;天下无不可为之事,只怕立志不坚。"所以,中国人特别强调诚实做人、踏实做事。

(二)诚实守信是企业创业、守业的根本

诚实守信作为一项普遍适用的道德原则和规范,是建立行业之间、企业之间良性互动关系的道德杠杆。诚实守信是社会主义职业道德建设的重要规范。诚实守信是所有从业人员在职业活动中必须遵循的行为准则,它涵盖了从业人员与服务对象、职业与职工、职业与职业之间的关系。在市场经济社会,诚信是塑造企业形象和赢得企业信誉的基石,是竞争中克敌制胜的重要砝码。

(三)诚实守信是国家立国的支撑

我国古代政治伦理强调"民惟邦本,本固邦宁",认为统治者应当以诚心诚意的态度和方法取信于民,进而达到人民安居乐业,国家太平清明。诚信是治理国家的基本准则,诚信构成国德,支配国运,没有诚信的国德就不能拥有长久而向上的国运。现代社会,更要求把诚信作为治理国家的基本原则。

三、诚实守信品格的塑造

诚实守信是中华民族的传统美德,是社会主义先进文化的核心部分,也是传承商道精神、促进市场经济发展、构建和谐社会的重要品格。

(一)诚恳真实

"是故诚者,天之道也;思诚者,人之道也。"诚恳真实是做人的根本条件。从事商业活动更应以真实的想法、诚恳的态度为基础,用真心换取信任,做到货真价实、实事求是、童叟无欺。诚恳真实不但是一种自尊、自重、自爱,更是真实、坦荡。

(二)言行一致

言,往往是行的先导,行,往往是言的实践,言行一致是成功的开始。经商应深思熟虑,谨言慎行,应做到意志坚决,态度认真,踏踏实实开展行动。作为商人,在经商过程中,应坚持言行一致,言出必行,树立良好形象,建立良好声誉。

(三)建立信誉

信誉即信用和名声,诚实守信的声誉是人之间、单位之间和商品交易之间形成的一种相互信任的生产关系和社会关系。"当信用消失的时候,肉体就没有生命。"信用既是无形的力量,也是无形的财富。良好的信誉是企业的招牌,能够帮助企业树立正面形象、建立口碑,甚至可以成为企业的核心竞争力。

(四)信守承诺

信守承诺是我国千百年传统文化的传承。"一诺千金""一言九鼎""君子一言驷马难追"都透露着我国古人对信守承诺的重视。信守承诺是诚实守信的体现,是做人的一项道德基准。人或企业能够建立起良好的信誉也受益于信守承诺。商人讲信用、守承诺的品格,能使其获得尊重,帮助其在残酷的商业竞争中脱颖而出,基业长青。

【拓展阅读】

镇江商人的商业信誉

近代以来,镇江丝织业非常发达,以此为龙头,带动了蚕桑、印染、缫丝、织造等行业。丝绸产品以"江绸"出名,其质地细软柔滑,物美价廉,畅销国内外。在多年经营中,镇江丝绸业产生了陶聚茂、陈恒顺、毛凤记、蔡协记四大家,它们凭借雄厚的经济实力,垄断了镇江的丝织生产。其中为首的陶谱华,于城南谢家巷内创立陶聚茂谱记绸号,其第三子陶怡,字又怡,从小随父习商,以信守商规、重视承诺而著名,为同人所敬重。1862年,陶又怡积劳成疾,日渐病重,而他的两位兄弟厚培、怡心恰巧远出未归,临终时又怡叫来两位弟媳妇谆谆告诫:"往年有溧阳人王性明,卖丝银800两存我号,有书券(凭证)给他。将来王性明来兑,一定要如数偿还,商业以'信'字为本,切莫损害了陶家招牌。"

过了两年,果然有一中年妇女携子来店造访,并言:"我是溧阳王石氏,夫王性明已死两年,遗嘱有售丝银400两存于贵号陶又怡处,原券毁于兵火。亡夫嘱咐:陶又怡是长者,汝往哀求,他必哀怜孤寡,如数偿还所存银两。"该妇女说着说着悲从心来,声泪俱下。厚培、怡心因她所言银数不符,恐有差误,寻访熟知概况的某一伙计,并请来当面求证,得知王石氏确是王性明之妻,厚培、怡心即以白银800两偿付。王石氏和幼子跪拜二人,千恩万谢携银而去。在没有借贷凭证,且两位当事人都已去世的情况下,陶聚茂谱记绸号能够信守为商根本,诚信为上,实难能可贵。

任务二　义利并重

一、古今义利观

"非其义,不受其利。"在我国传统美德中,正确的义利观占有很高的地位,是为人所推崇的做人、经商的一种追求。在当今社会,以重义轻利为基础,处理好义和利的关系,为社会大众创造价值,适度汲取物质财富是商业文化的精髓。

(一)古代义利观

所谓义,是指思想、行为符合一定的道德标准,而利则指利益、功利。义利问题不仅存在于商业领域,也关系到人们生活的各方面。纵观我国历史,关于义利问题的争辩从未停止。

1.重义轻利

以孔子、孟子、荀子等人为代表的儒家坚持重义轻利的观点。重义轻利即重视道义,而轻视利益,这里"利"为"利吾国""利吾家""利吾身"的狭隘"私利"。儒家认为:义与利是对立的,应把道德追求置于优先于利的地位,但并非不言利,而是"以义制利""义然后取"。

孔子认为:"君子喻于义,小人喻于利。"(《论语·里仁》)说的是君子以坚持道义为行为准则,小人以追求利益最大化为终极目标。在经济关系上,义是最高的行为准则,有道德的人都要遵守,要做到在利益面前不贪不义之财。

孟子认为:"王亦曰仁义而已矣,何必曰利?亦有仁义而已矣。"(《孟子·梁惠王上》)说的是治理国家有"义"就行,不用讲"利"。

荀子在继承孔孟二人义利观的基础上,又做了进一步的探索和创新。荀子关于义利观的态度,主要围绕着两者的关系,他认为:"义与利者,人之所两有也。"(《荀子·大略》)说的是道义和利益是人们所需要的两样东西。也就是说,义和利并不是完全对立的,两者可以有一定程度的融合。

2.先利后义,重利轻义

与儒家"重义轻利"的义利观不同,法家推崇先利后义,重利轻义的义利观。法家代表人物管仲曾提出:"仓廪实而知礼节,衣食足而知荣辱。"(《史记·管晏列传》)说的是要从物质中寻求道德的根源,他肯定了利对义的决定性作用。管仲认为物质文明决定精神文明,只有物质得到保障,人们才会追求精神方面的进步。人的生存一旦面临威胁,生活没有保障,自然很难考虑仁义道德。因此,管仲认为利先于义,只有利得到满足,人们才会考虑道义的问题。

法家另外一位代表人物韩非子认为,人之好利主要源自人们的生存需要,每个人都有追利之心,人的行为受好利的本性支配。

重利轻义是一种偏激的价值观。自古以来,商人"重利轻义""见利忘义"乃至"利令智昏"的行为都受到人们的谴责。

3. 义利并重

事实上,义和利二者从来都不是对立的。

南宋思想家朱熹说:"义者,天理之所宜;利者,人情之所欲。"(《四书章句集注》)说的是追求利益源自人们共同的天性,崇尚义则取决于人们后天的修养,利与义是人们在物质与精神两方面的追求。当然,获取利益应合乎常理、合乎法度,不悖"天理之所宜"。我们所要反对的是那种不择手段、巧取豪夺或者唯利是图的逐利行为,正当的、合理合法的利益的取得应该得到保护。

(二)现代社会主义义利观

现代社会主义义利观是对我国古代义利观的进一步发展和创新,是社会主义核心价值观的重要组成部分。在当代中国,无论在国际关系中,还是在日常的人际交往中,都必须坚持社会主义核心价值观,特别是社会主义义利观。

第一,现代社会主义义利观坚持义利统一原则,主张在实践中实现义利之历史和辩证的统一。倡导贵义重利、义利兼顾、义利协调,反对见利忘义、因利废义、唯利是图。

第二,现代社会主义义利观坚持集体主义原则,强调集体利益至上,这里的集体泛指国家、社会、民族和人民。主张个人利益要服从集体利益,反对极端个人主义和极端利己主义。

第三,现代社会主义义利观充分肯定人对利益追求的道德合理性,认为人对物质利益的追求根源于其生存和发展的需要,是必然和合理的,合理、正当的个人需要是推动社会发展进步的助推器。因此,通过辛勤劳动、合法经营获得的正当个人利益,不仅应受到法律的保护,而且还应该获得道德上的高度肯定。

二、传承、发扬科学的义利观

(一)义利并重是商人应传承的义利观

市场经济的发展冲破传统的"重义轻利"观念,反对义利分离或义利失衡,明确主张义利统一或者义利并重。市场经济环境下要求企业在遵循商业发展规律、商业秩序的基础上,通过为消费者提供优质的产品或服务而获得利益。秉承义利并重的义利观,才能使更多的人共享发展成果,建设和谐社会。

倡导义利并重的意义在于:第一,鼓励和保障企业追求正当的合法利益;第二,充分尊重企业的合法利益,鼓励和引导企业维护和争取自己的合法利益,企业的合法利益增加了,国家和人民的利益才会得到保障;第三,在以义导利、以义取利等价值观的引导下,企业才能树立良好的声誉,提升经营水平,保证经济可持续发展。

只有实现义利并重,企业才能处理好自身与员工的关系、与股东的关系、与供应商的关系、与消费者的关系,以及与整个社会的关系。企业在追求自身利益的同时,要考虑到交易另外一方的利益获取,以实现双赢。

(二)履行社会责任是商人应弘扬的义利观

任何人都不能脱离社会而生存,商人更是无法脱离社会这个大环境而存在。在古代,商人社会地位极低,但在当今社会,商业是国民经济至关重要、不可或缺的一部分,对社会的影响力是十分巨大的。对于现代商人而言,必须有较强的社会责任感,积极为社会做贡献,比如参加公益活动,强化绿色环保的经济观念,生产环保低碳的产品,建立节约型企业等。

(三)合作共赢、持续发展是商人应崇尚的义利观

商业活动离不开参与方的精诚合作,只有合作才能实现共赢的目标,尤其是在快速发展的互联网时代,合作可以使双方共同克服困难,提振信心,共同发展,共赢商机。

1. 遵循人与自然和谐共生的原则

人类的生活与自然界息息相关,自然界是人类生生不息的源泉,自然界的有序、健康发展离不开人类的作用。"绿水青山就是金山银山",要坚持人与自然和谐共生。发展人类社会就要利用好自然界,管理好自然界,建设好自然界,做到人类社会与自然界的和谐共生。

2. 培养全球一体化、企业协作共赢的和谐世界观

在经济全球化的大背景下,任何一个企业都必须与行业中其他上游、下游企业组建为共同体,建立一条经济利益相连、业务关系紧密的行业供应链来实现优势互补和资源整合,达到多赢的目的。经济全球化促使人们对传统的义利观进行反思。各国在利益上的高度融合与交集使不同的国家成为利益链条上的一环,损害他国利益,很可能导致自食恶果。尊重经济运行的客观规律,把握开放融合的发展大势,是企业应对风险挑战的正确态度。

3. 坚持可持续发展的理念

科学的义利观不仅要考虑到人与自然的和谐相处、各个国家的合作共赢,还必须考虑到利益相关者的可持续发展,既要满足当代人的需要,又要考虑后代人的发展,不仅要考虑自然层面的问题,在更大程度上又要考虑人文层面的问题。

在人类社会的发展过程中,为了追求眼前利益而牺牲后代人的利益,是对子孙后代的不义之举。人类只有一个地球,大家秉承休戚与共、和谐共处的世界观,坚持走可持续发展的道路,人类社会才会有美好的明天。

【拓展阅读】

可持续发展观

可持续发展观是科学发展观的核心内容,可持续发展是指既满足当代人的需要,又不损害后代人满足需要的能力的发展。可持续发展观作为人类全面发展和持续发展的高度概括,不仅考虑自然层面的问题,甚至要在更大程度上考虑人文层面的问题。因此,许多研究把视野拓展到自然和人文两个领域,不仅研究可持续的自然资源、自然环境与自然生态问题,还研究可持续的人文资源、人文环境与人文生态问题。从单纯地关注自然-社会-经济系统局部的自然属性,到同时或更加关注社会经济属性,以把握人与自然的复杂关系,寻找全球经济可持续发展的途径。经济、社会、资源和环境是一个密不可分的系统,

既要达到发展经济的目的,又要保护好人类赖以生存的大气、淡水、海洋、土地和森林等自然资源和环境,使子孙后代能够永续发展和安居乐业。

任务三　精明强干

在现代商业环境下,作为一名商人,其品格的塑造除了诚实守信、遵循义利并重的价值观外,还要精明强干。

一、精明强干的含义

"精明强干"一词最早出自《新唐书·苏弁传》:"弁通学术,吏事精明,承延龄后,平赋缓役,略烦苛,人赖其宽。"在《清史稿·毛昶熙传》中也有:"今日之封疆大吏,以地方多事,喜用精明强干之员,而不求恺悌循良之吏。"由古至今,对"精明强干"的解释大体相同,其含义也并不复杂,按照《现代汉语词典》中的解释,精明强干形容为人"机警聪明,办事能力很强"。

二、精明强干的要求

作为现代商人,要塑造精明强干的品格需要达到以下五个方面的要求。

(一)渊博的知识

在现代商业环境下,商人首先要熟悉与本企业相关的专业知识。网络在企业中的应用越来越广泛,办公自动化系统、管理信息系统、决策支持系统等已经成为管理工作中不可缺少的组成部分,这些都需要商人有一定的互联网、大数据等基础知识。除此之外,与企业经营相关的工商管理、经济贸易、法律法规、社会学、心理学等方面的知识也要有所了解。因此,商人一定要重视学习,拥有丰富的知识,并不断汲取新知识。

(二)强烈的责任感

联合国教科文组织曾经指出:"现代人才必备的基本素质是责任心与爱国心。"一个普通人如果缺少了责任感将遭到舆论的谴责,被其他人疏远。责任感是什么?简单来说,责任感就是讲信用、守规则,勇于承担责任,勇于应对风险,关心他人。

(三)成熟的独立人格

1. 处事冷静,但不优柔寡断

处事冷静,善于考虑事情的多个方面或问题涉及的各利害关系方,行事不冲动,要在周密思考后再做出决定或者阐明自己的观点。一旦决定,坚决执行。

2. 做事认真,但不苛求完美

做事认真仔细,善于统筹。不苛求事事尽善尽美,合理安排工作节奏,竭尽全力解决关键问题。

3. 关注细节,但不拘泥于小节

善于关注事情的细节,观察身边的人和事,抓住问题的要害,善于将问题扼杀在萌芽状态。不要过分苛责别人的一点儿小过错或小过失。

(四)远见与自信

只看到眼前利益,不考虑长远利益,可谓浮躁与短视。在当今复杂的商业环境下,商人要将目光放得长远一些,不能为了获取短期利益而忽视企业的长远发展。要时刻关注商业环境的变化,根据环境的变化准确预测,进而做出合理的、有远见的商业决策。除此以外,商人在任何时候都要充满自信,不能畏首畏尾。一个自信心不足的人是很难管理好企业的。

(五)重视实践

精明强干的品格并不是与生俱来的。要承认天赋在人成长过程中的作用,更要重视后天教育和实践,尤其是实践的作用。商人需要在实践中接受磨炼,不断积累实践经验,增长才干,提高自身的综合素质和能力。

任务四　勤勉节俭

一、勤勉节俭的含义

勤勉节俭即"勤勉"和"节俭",是指一个人勤劳工作,生活节俭。勤劳行为和节俭意识紧密相连,如果说勤劳侧重于劳动力资源上的最大限度地"开源"的话;那么,节俭则侧重于在消费支出上最大限度地"节流"。历史上,各种家训、家书几乎无一例外地将勤勉节俭作为一种需要家族传承的美德。

(一)勤勉

《荀子·富国》中有:"奸邪不作,盗贼不起,而化善者劝勉矣。"《左传·宣公十二年》说:"民生在勤,勤则不匮。"可见,勤勉能使人生活富足。勤勉是人们对待劳动的态度和品质,作为道德规范,它要求人们热爱劳动,用自己的工作和智慧创造并积累财富,显示了人类自强不息、勇于进取的精神。

(二)节俭

孔子曰:"奢则不孙,俭则固。与其不孙也,宁固。"自古以来,儒家把"俭"视为个人修身养性的准则之一,它要求人们节制自己的生活欲望,约束自己的消费行为,合理消费,正确理财。《左传·庄公二十四年》中说:"俭,德之共也,侈,恶之大也。"说的是节俭是人高尚的品德,而奢侈则是万恶之首。

需要说明的是,虽然节俭和吝啬两种行为都存在对财物节制的表象,但二者有本质的区别。节俭是自身修德的主观要求,是对自己行为的约束和克制,并非刻薄待人、为富不仁的托词,否则就不是真正意义上的节俭,而是吝啬。勤勉节俭是中华民族的传统美德,中华文明的传承凭借的就是人民的勤劳努力、克勤克俭和自强不息。

【拓展阅读】

竹竿头和木屑

陶侃是东晋的名臣,他曾担任侍中、太尉、大将军等握有政务及军事权力的高官。虽身居高位、重权在握,但他始终保持勤俭节约的作风,因此对于不珍惜资源的人很不以为然。任荆州刺史期间,有一回地方造船,他叫人把造船剩下的竹竿头和木屑收藏了起来。大家对于陶侃此举都议论纷纷,不明白他保存这些废物有什么用。到了冬天下起大雪,路面又湿又滑,很不好走,陶侃叫人把木屑拿出来铺在地上,有效地解决了人车通行难的问题。后来国家发生战争,要造战船,可是没有足够的钉子可用。陶侃拿出收藏的竹竿头,劈成竹钉,解决了造船的困难。至此,人们才明白陶侃爱惜物力的用心。

在他的节俭行为的影响下,荆州地区的人民都养成了勤俭的风尚,成为当时的富庶之地。

二、勤勉节俭的意义

(一)勤勉节俭是治国之大道

回顾历史不难发现,"成由勤俭,败由奢"是王朝兴衰更替、社会变迁的普遍规律。春秋战国时期,齐桓公、晋文公、秦穆公等都极力提倡俭朴而摒弃奢华,从而达到了富国强兵、称雄列国的目的;隋文帝、唐太宗、明太祖等开国明君,也都以勤俭治国,使得国富民强,社会繁荣。

(二)勤勉节俭是治家之法宝

"家业之成,难如升天,当以俭素是绳是准",强调家业成就不易,必须以勤俭朴素作为准绳。只有家庭中形成勤劳、节俭的风气,以"勤劳"为治家之基,通过自己的勤劳努力创造财富,以"节俭"为守家之本,具有节俭的品质,才能积少成多,获得越来越多的财富。将勤勉节俭作为家训世代相传,家族才能长久兴盛。

(三)勤勉节俭是做人之美德

"静以修身,俭以养德"是做人的美德。在中国人长久以来的价值观里,节俭不仅是一种行为意识,更是一种大的德行,是培养良好道德的基础。一个勤俭节约的人,一定是一个自知、自律、自省的人。提倡节俭,不仅是要倡导一种健康适度的生活方式,更是要让人们养成勤俭节约的道德品质,去除骄奢淫逸的不良之风,珍视有限的资源。

(四)勤勉节俭是经商成功的基石

许多商人在谈到其成功之路时都会将勤勉节俭放在重要的地位。尽管商人的经营理念不同,但勤俭都是原始积累的重要途径,例如,山西商人、徽州商人,虽然他们的文化背景不同,但却不约而同地强调了勤俭的重要性。可见,勤勉节俭对商业经营起到了非常积极的促进作用。

【拓展阅读】

世界勤俭日

10月31日是世界勤俭日。为号召人们勤俭节约以共同应对日益严重的资源危机,进而促进社会的健康可持续发展,联合国于2006年专门把每年的10月31日设立为世界勤俭日。该节日的设立是一种提醒,也是一种督促,只有人们养成勤俭的生活方式,地球才能有可持续的未来。

三、传承勤勉节俭文化

中华民族向来崇尚勤勉节俭的美德,也将之看成是修身、齐家和治国的重要途径。自古至今,大多商人都教育自己的子孙后代勤俭持家才会使家业代代兴旺。如今我们更应树立正确的劳动价值观,弘扬勤勉节俭的美德,创造美好生活。

(一)发扬艰苦奋斗的传统美德

有的人认为,勤俭节约、艰苦奋斗是过去战争年代和艰苦岁月的特殊需求,现在条件和环境改变了,再提倡勤俭节约就不合时宜了。实际上,没有人是一帆风顺的,能够吃苦耐劳,遇到困难后才能再站起来。艰苦奋斗是中国人民创造生活和文明的基本力量和重要内核,新时代的中国人更要发扬前辈艰苦奋斗的精神,为国、为家努力。商界无平道,遇到困难和挫折是难免的。正所谓"一勤天下无难事",商人艰苦奋斗、积极进取的品格就表现在不安于现状,努力拼搏上。

长期以来在徽州等地广为流传的民谚"前世不修,生在徽州;十三四岁,往外一丢"就是当时众多徽商从小背井离乡外出学艺、奋力拼搏的生动写照,徽州商人在创业守成中靠的正是开拓进取、吃苦耐劳的信念而不断地奋发的。

(二)倡导适度消费的生活方式

很多大家族的传世家训都把"俭"视为个人修身和家庭美德的内在道德基础,立足饮水思源,告诫子弟要懂得珍惜物资和人力,从日常衣食住行等小处做起。《资敬堂家训》教导子弟居家"能省俭处即省俭"。《昆山砂山王氏家训》训言:"穿衣、设席、住屋要俭朴,要精洁……浪费大不孝也。"告诫子孙后代节衣缩食以养生,布衣蔬食以自足,不得暴殄天物。历代商人一直信奉"勤与俭,治生之道也"。可见,勤俭节约是维持生活的根本之道,它既是一种崇高的道德修养,也是一种健康向上的生活方式。

现代社会,物质条件的富足、成长环境的安逸使得很多人缺少忧患意识,存在盲目消费、过度消费的现象。每个人都要保持清醒、理性的认识,注重提升个人素质和修养,在日常生活中养成勤俭节约的行为习惯。勤俭节约不是一味地倡导省钱,而是强调适度消费,珍视有限的资源,在不浪费的前提下享受有质量、健康的生活。

(三)传承克勤克俭的致富精神

《尚书·大禹谟》中曰:"克勤于邦,克俭于家。"克勤克俭的艰苦奋斗精神中除了勤奋与节俭,还应该包含一种朴素无华的生活作风与生活态度。克勤克俭是普通人持家致富的诀窍,也是商人累积财富的密码。

出身徽商世家的清代货币理论家、财政学家王茂荫曾总结说:"以商贾之道言之,大抵能创一肆守一业者,其人必工心计,习俭勤,且旦夕以身入其中而又知人而善任,非是则败。"所谓习俭勤,意即作为商人,不论创业还是守业,都要克勤克俭,以利原始资本积累。明末清初大学者顾炎武说:"新都勤俭甲天下,故富亦甲天下。"

(四)提倡勤俭节约的经营理念

勤劳工作,才能通过自己的努力获取财富,节俭生活,精打细算,才能守住财富。作为企业,采取勤俭节约、杜绝浪费的经营模式,才能够更好地营利守财。从企业的管理者到每一名员工,在每一个工作环节都要融入勤俭节约的精神,大到基础设施的建设要多方考虑,选取成本最低的方案,小到员工使用打印机、纸张、空调等,都要尽量本着不浪费的意识,把节约下来的每一分钱投入研发、生产和经营环节中,提高生产效率,扩大市场份额,创造更高的经济效益,从而谋取更大的利润。

提倡勤俭节约的传统美德,可以实现资源的有效利用,商人以此为经营理念,可以获得财富并用好财富,将此生活态度传承于后代,使其养成勤俭的好习惯,晚辈会更懂得珍惜来之不易的资源,家族才可以长盛不衰。

单元二　经商之道

俗话说:"君子爱财,取之有道。"中国商业在几千年的发展过程中,儒商、晋商、徽商等各类商人在经营之中都通过积累教训、总结经验归纳出了独具特色的经商之道。对经商之道的研究学习,能够帮助企业科学谋划经营策略,掌握企业经营的方法和技巧。

任务一　诚信是经营之本

在当前市场经济环境下,诚信是企业在市场上发展和竞争的基本要素。企业之间需要相互信任才能达成合作,企业对消费者诚信经营才能长久发展。诚信是帮助企业提升经济效益的重要资源,是企业经营之本。

一、诚信经营的意义

在现代经济社会中,诚信不仅是一种道德规范,也是能够为企业树立品牌口碑、带来经济效益的重要保障。坚持诚信经营,能够帮助企业形成特有的文化特征,对推动企业发展、从优秀迈向卓越具有巨大的促进作用。

(一)诚信经营是提高企业生产力的精神动力

企业的诚信建设取决于员工个体的诚信素质。塑造企业诚信经营的核心价值观就要高度重视生产力中人的因素,在精神层面进行诚信教育,保证员工间真诚相待,从而调动员工工作的积极性、主动性、创造性,使企业生产力得到进一步的释放和发展。

(二)诚信经营是促进沟通的桥梁

企业管理问题归根结底都是沟通的问题。沟通能够使彼此交换思想观念,从而诚信友爱,团结互助,携手发展。沟通也是企业进步的必要条件和动力源泉。企业建立起乐于沟通、勇于沟通的诚信文化环境,才能保证员工相互尊重,克服部门之间的本位主义,激发员工的主人翁意识,增强企业的凝聚力和向心力。

(三)诚信经营是企业发展的基石

诚实守信能帮助企业建立良好的工作环境,形成员工认同和遵守的价值规范。同时能够提升员工的责任意识,使个体积极地凝聚为整体,从而增强企业的生命力和活力。企业对外诚实守信,能够提高美誉度,赢得发展机遇。坚持做到"内诚外信"的企业,才能够受到客户和合作企业的拥护,建立"共生共赢"的合作关系,保证企业长久发展。

(四)诚信经营是企业营利的基础

营利是企业生存与发展的目标,而坚持诚信经营才能够保证持久地获得经济效益。商业发展环境瞬息万变,企业若想在变动中保持稳步发展,必须以诚信服务为前提。企业需要与客户进行深入交流,了解客户的想法,建立符合彼此要求的诚信服务体系,提高客户的满意度,这样才能保证客户的忠诚度,进而使企业在激烈的竞争中得以发展,持续获得经济效益。

二、企业诚信文化

企业诚信文化是指企业在社会化生产服务中,企业管理者、参与者自觉地、有意识地形成的一种诚实守信的经营理念,是企业的一种人文属性。

(一)建设企业诚信文化的意义

1. 向员工明确企业发展目标

企业中不同部门、不同员工都有各自的工作目标。企业诚信文化能够让员工明确企业的发展战略,将员工的个人目标引导到企业目标上来,让个人、部门形成统一的行动方向。员工认同企业的价值观,才能够团结协作,增强凝聚力,实现个人和企业的共同利益。

2. 增强企业经营的约束力

企业诚信文化作为一种被群体内成员广泛认同的价值观念,能够对企业经营者以及员工的思想、行为起到一定的约束和规范作用。企业内部关于诚信经营的奖惩制度,同样对员工具有一定的约束力。

3. 提高企业的核心竞争力

良好的企业文化具有较强的辐射作用,是企业整合更多资源、提高市场份额的利器。诚信文化能够帮助企业提高信誉度,培养出高素质、高水平的员工,激励员工的士气,增强企业的凝聚力和核心竞争力。

(二)企业诚信文化的建设

1. 在精神层面建设企业诚信文化

建设企业诚信文化应培育诚信理念和诚信精神,塑造企业的诚信形象。首先,确立企业诚信的前提,即在企业内部建立诚信的共同价值观。其次,加强企业内部的诚信教育,坚持正确的价值和道德导向,培养和强化企业员工的诚信服务意识,提高员工的诚信服务水平。在企业中牢固树立"守信光荣,失信可耻"的理念,使诚信意识真正深入人心,融入日常工作规范中,变成自觉的行为,从而让每个员工都认识到企业诚信文化是企业最宝贵的无形资产,是个人和企业成长必不可少的精神财富。

2. 在行为层面建设企业诚信文化

企业诚信文化要在集体和员工个人的生产经营、学习娱乐等行为过程中建立起来,其在行为层面的建设途径主要有:首先,企业要使个人行为与企业行为统一起来,变制度规范为行为规范,保证企业价值观与员工行为的高度统一。其次,企业管理者应在树立企业诚信形象的过程中率先垂范,以身作则,为全体员工树立典范。再次,企业应通过各种活动推选出模范人物,更好地引导全体员工的诚信行为。最后,企业要注重通过活动塑造员工群体的诚信行为。企业员工群体的诚信行为决定着企业的产品质量、服务质量和企业信誉的好坏。

3. 在制度层面建设企业诚信文化

建立保障诚信行为的制度和规范。将诚信纳入企业的规章制度中,并带有一定的强制性,使其贯穿企业生产经营的各个环节,成为企业全体员工共同遵守的行为规范,使诚信行为普遍化。在建立诚信制度的过程中,还应建立公平、公正、公开的诚信奖惩制度,形成约束和激励机制,建立相应的考核评价体系,对诚信者进行表彰和奖励,对失信者进行批评和处罚。

4. 在物质层面建设企业诚信文化

企业物质文化是由全体员工创造的产品和各种物质设施等构成的物态文化,是一种以企业外在的物质形态为主要研究对象的表层企业文化。物质文化是企业文化的外在表现和载体,是精神文化、行为文化和制度文化的物质基础。一项产品是否优质、一项服务是否尽责,都体现了企业的诚信度。只有提供优质的产品和诚信的服务,企业的诚信文化建设才有保证。

三、企业诚信经营的方法和途径

(一)树立诚信经营的价值引领

首先,企业应树立正确的价值取向,大力倡导将社会主义核心价值观作为企业诚信建设的重要理念。要充分把握"人无信不立,业无信不兴"的精髓,发挥诚信经营的作用。其次,在企业内部建设信用文化,开展形式多样的诚信活动,营造良好的诚信文化氛围,形成对完善社会信用系统有益的优良风尚。最后,企业应积极响应政府号召,做好诚信经营的宣传配合工作,强化员工的诚信价值理念,增强员工的诚信意识,提升竞争软实力。

(二)管理者率先垂范

在企业诚信建设中,管理者应该严守诚信原则,坚持以诚信的态度、思考方式和行为模式对待各方面的利益主体,形成以诚信为主流的企业文化。在企业管理中,管理者要有"以企业为家"的观念,树立吃苦耐劳、敬业奉献的榜样,还要有正确的经营手段,组织企业员工全力打造诚信品牌,把诚信理念传递给职工。管理者必须致力于倡导、维护企业形象,运用正当合法的竞争手段,构筑企业内部的诚信机制,使员工忠诚于自己的本职工作,在招募新员工时,要严格考核其诚信度。同时,管理者也要带头守信,尤其是要兑现对员工的承诺,抓好落实,形成良好的诚信氛围。

(三)制定诚信经营的准则

企业内部应认真制定诚信经营的准则,明确企业的社会责任和使命,使员工明确该做什么、不该做什么。将诚信经营的理念、内容、目的、要求和评定标准等具体化、条理化、通俗化,以便员工理解并按准则规范自己的行为。施行诚信经营的准则,使企业员工的诚信行动和企业的诚信目标同步、协调,把企业的诚信经营准则转化为企业全体员工的自觉行动,促进企业持久发展。

(四)建立诚信经营奖惩制度

企业要结合实际情况制定一套科学、合理的诚信经营奖惩制度,尽可能使奖惩制度科学化、合理化。奖惩结果应落实到用工选择、岗位分派、职务任免、级别升降、薪酬分配等具体环节之中,对诚实守信、遵守规则、维护企业信誉的员工给予表彰,对违反企业诚信经营准则或给企业信誉、形象造成损害的行为给予责罚和惩处。坚持公平、公正的原则,做到责任明确,保证奖惩落到实处。

(五)建立质量监督、完善服务体系

为保证产品质量、提高服务水平,在生产销售过程中应当加强质量监督,完善服务,建立一套科学、高效的质量监督体系,确定质量合格标准。在企业原材料采购、生产、销售、运输等环节严格把关,保证产品质量。

市场经济是诚信经济,也是服务经济。企业服务要做到有诺必兑现。企业应建立完善的售前、售中和售后服务体系,设立专项服务电话,相关工作人员做好客户服务培训,保证服务质量。建立客户档案,定时访问,了解客户反馈等,对客户反馈的问题要认真对待,及时加以纠正、解决。

(六)加强诚信经营教育

企业定期开展诚信经营教育,组织员工认真学习企业诚信经营相关文化、制度,加强安全意识、质量意识、诚信意识的教育。通过培训、参观、团队活动等提高员工对诚信文化的理解,使其认识到诚信经营的重要性,践行企业诚信文化,杜绝违法违规行为的发生。企业内部设置专题板报、宣传栏等形式的文化设施,在潜移默化中增强员工的诚信意识。

【拓展阅读】

企业诚信文化缺失的危害

在市场经济条件下,企业诚信文化用以规范和调节企业与社会、企业与企业、企业与个人之间的关系。企业诚信文化是企业的一种无形资产,是一种稀缺资源。诚信文化缺失对企业和社会都会造成严重的危害。

企业诚信文化缺失影响市场经济健康发展。企业的恶性竞争、不讲商业道德等行为会导致社会信用水平的整体下降。

企业诚信文化缺失影响企业自身的可持续发展。企业诚信缺失意味着企业失去了品牌效应,失去了核心竞争力,这对于企业的长期发展和升级是致命的。

任务二 守法是经营基础

没有规矩,不成方圆。遵纪守法是每个公民的底线,是商人最基本的职业道德准则。社会主义市场经济发展到今天,已逐步走向法制经济时代,依法办事、依法经营是每个社会经济体必须遵守的市场准则。要建设高度文明、经济秩序稳定的社会主义国家,实现中华民族的伟大复兴,就必须在全社会形成"以遵纪守法为荣、以违法乱纪为耻"的经营观念。

一、守法对企业经营的意义

(一)守法是从业人员的基本要求

企业由所有者及从业人员构成,任何成员在从事任何商业相关活动时,均受法律规范约束。作为商业从业人员,在上岗后,应接受行业、工作职务相关的法律知识培训,认真履行遵纪守法的义务,深刻认识违法乱纪将导致的后果及危害,工作中不存有侥幸心理,不触及法律底线。

(二)守法是企业经营和发展的基础

诚信守法、依法纳税是企业经营的一项基本原则。严格遵守各项法律法规,遵守行业规定,在企业生产经营活动中不做任何违法乱纪行为。在市场运营中,企业只有树立诚信守法的经营理念,恪守市场行为规则,才能在激烈的市场竞争大潮中扎稳脚跟,稳健发展。

"赚钱无定法,经商要守法。"这是经商的基本原则。然而,在实际经营活动中,商人也常常遇到法律规则与经营目标发生冲突的境地,这时,如果不在法律的尺度之内经营,必然会自食苦果。企业只有做到守法经营、规范经营,形成积极向上的价值取向,才能受到法律保护,在业内树立正面形象,在消费者心中建立口碑。

例如徽商的族规、家训中都强调族人应遵纪守法,所以徽商从小就谨记"安分守法"的教诲。随着商业经营的发展、市场竞争意识的增强,徽商的法律意识也越来越强,他们非常善于利用法律和规范来维护自身利益。徽商在经营活动中,一直依靠着"约"和"法"

来维护权益,协调关系,逐渐形成了凡事"立字为据"的习惯。

二、推动企业守法经营

(一)企业经营者知法守法

1.加大普法力度,形成守法意识

市场经济是法制经济。在法律制度的制约下,要想推动企业长久稳定发展,就必须规范合法经营。企业经营管理者,作为企业的领头人物,应当增强法律意识,重视法律在经营中的重要作用。适当开展法律宣传教育,普及所处行业、领域涉及的法律知识,强调违法乱纪可能产生的重大危害。坚持学以致用,强化法律法规专业化建设,提高全体工作人员的思想素质、业务能力和职业道德水平。

2.建立规范化、制度化管理体系

规范化、制度化管理是企业参与竞争、有效防范经营风险的基本前提和必然要求。首先,企业应遵守国家的各项法律法规,根据相关法律完善企业经营模式和管理体制,将守法经营落实到工作统筹规划当中。其次,企业需在专业法律人士的指导下将依法经营写进公司章程、发展规划、重大经营决策中。最后,随着科技、信息技术的发展,商业也随之发展变化,与商业经营相关的法律规范也在不断更新。因此,企业应当关注行业发展动态,及时关注与经营相关的各类法律规范和从业要求,保证合法、合规开展经营活动。

3.强化风险防控,保证稳定发展

强调风险防控在企业经营过程中的重要性,不断健全"源头预防、过程控制、末端治理"的风险防范机制,梳理各项业务流程,把依法合规的理念和要求全面落实到企业生产经营管理各领域。全方位防范各业务领域的法律风险,确保各项业务符合法律标准,提高企业管理效能,保证企业稳定发展。

4.提高依法维权意识,保护合法权益

尽管目前消费者和企业的维权意识有了很大提高,但员工对于维权的认识还存在一些误区,企业维权意识也缺乏预见性和专业性。例如某省水果出口到欧洲、美洲、非洲等的63个国家和地区,但贴有专利和品牌标签的不足40%,结果品牌、专利被人抢注,吃了哑巴亏。因此加强企业维权是顺应全球一体化挑战的迫切需要,应加强沟通和协调,把企业维权落实到位,减少和避免贸易中的争端,同时运用法律武器,依法治企,拓展企业的生存和发展空间。

5.加强财务管理,坚持依法纳税

自觉依法纳税是每个公民应尽的义务。企业是市场经济发展中的核心主体,需要树立积极、全面的税务筹划意识,设定合理、科学的税务筹划方案。企业要想在竞争较为激烈的市场经济环境中谋发展、求生存,就需要注重财务管理工作,让财务管理和税务筹划与企业发展目标协调一致。同时,企业应当重视审计工作,加强企业内部监督,做好财务监管工作。

6.聘用专业的法律顾问,让专业的人做专业的事

企业的经营管理者对法律的了解不一定面面俱到,需要培养法律意识,明确经营业务所涉及的法律常识,了解从业人员及经营活动可能触及的法律底线。对于能力范围外的法律事务,不要盲目决断,要听取专业人士的意见,适当地聘用专业法律顾问为企业提供服务,保证企业在经营过程中不触及法律红线。

(二)依法治企与以德治企有机融合

企业推进依法合规治企是坚持和发展中国特色社会主义的本质要求和重要保障,是实现治理体系和治理能力现代化的必由之路。当企业发展到一定阶段、一定规模后,必须把加强道德教育、推进道德工程作为一项重要任务,将依法治企和以德治企有机融合起来。

1. 守法是商业经营的底线

商品经济活动中,企业追求利润天经地义,但必须建立在守法和诚信的基础上。市场经济在法制的有效保证下,才能安全有效发展。从企业经营管理者到员工都必须树立法律意识,约束言行,依法经营,这是企业经营的基本要求,也是企业时刻坚守的底线。

2. 守德是行业发展的要求

商业道德是伴随企业的产生和发展而自然形成的一种深刻影响企业的管理力量,它比纯粹的经济手段、行政手段乃至法律手段的作用更加广泛、深刻和持久。历史和现实告诉我们,以纯经济的手段来组织、管理企业的经营活动,很难达到理想的经济目标,即使达到了,也是暂时的。因此,在政策的制定和执行过程中,都必须遵守道德原则。企业是行业的一分子,也是社会的中坚力量。可以说,企业作为"小社会",其道德状况深刻影响着整个行业的发展,也影响着整个社会的面貌。守住商业道德是建设社会主义精神文明不可忽视的途径。

任务三　谋略是经营手段

一、谋略的含义与作用

企业之间的竞争是一场不宣而战的特殊的经济战争。竞争需要谋略,成功离不开机遇,好的机遇也要靠使用适当的方法发挥出实力才能抓住、用好。商业成功的关键在于谋略,足智多谋、合理布局才能在竞争中取胜。信息社会,在一定意义上说,谋略就是财富。随着市场经济的发展,谋略越来越受重视,其作用也越来越大。

(一)谋略的含义

谋略是指计谋策略。计谋,即在对峙双方的斗争中,预见、设计、谋划的计策。策略则是在某一社会领域的斗争中,根据形势的发展而制定的行动方针和采用的方式方法。

谋略是一个古老而永恒的话题,关乎人类生活生存的点滴。谋略是传统文化的重要内容,发源于殷周,兴盛于春秋战国,成熟于秦汉,尤其在春秋战国到秦汉之间是当时社会的主流观念,这与当时的社会环境密切相关。在历史发展过程中,谋略始终影响着社会的各个层面,包括治国、外交、军事、为人处世和商业经营等活动。

商业谋略是指一个企业在其所从事的行业中指导竞争行为的战略总和,包括一系列政策措施、组织结构等,是企业为获取利益和优势进行的积极思维过程,是竞争中为取胜而策划的计谋和斗争艺术,它包括计划、预算、方案、手段等。

(二)谋略的作用

无论是斗争激烈的动荡年代,还是在清明安稳的和平年代,谋略都起到了很重要的作用。可以说,人类的发展历史就是谋略的创造、运用和发展的历史。谋略的作用主要包括:

1. 军事上、政治上无形的战斗力

军事领域是谋略的发源地之一,该领域充满着复杂的形势和牺牲的危险。因此,谋略的作用在军事上表现得最为充分,可以说是"四两拨千斤""运筹帷幄之中,决胜千里之外"。

无论是带兵打仗、治理一个国家,还是管理一个企业、团体,作为领导者,高明的谋略是成就事业的先决条件之一。领导者把政治谋略用活,审时度势,从而克服困难,实现既定目标。领导者应有深谋远虑,要从历史的角度、全局的高度辩证处理问题。同时领导者应该赏罚分明,赏与罚交替运用,活学活用。

2. 外交上灵活的应变力

高明的外交谋略可以产生巨大的物质能量,对朋友和中立者可以产生巨大的吸引力,使其帮助自己;对敌人可以产生巨大的威慑力,使其不敢轻举妄动。高明的外交谋略不仅能维护国家主权与尊严,而且可以使国家免遭战争,甚至能化敌为友,绝处逢生。面对未来的不确定性,经营管理者需要具备较强的交往能力和公关能力,善于随机应变,巧使谋略。

3. 经济上巨大的生产力

古往今来,无论是国家的经济建设,还是个体经济或集团经济的兴旺,无不依赖于正确的经济谋略。比如在春秋战国时期,哪个国家采取奖励耕种、休养生息的正确谋略,哪个国家就国富民强。

4. 经营上强大的管理能力

企业的经营谋略是为实现经营目标,通过对内外环境的全面分析,从企业发展全局出发做出的长期性、总体性的谋划和策略。企业经营管理过程中,管理者具有谋略性思维,可以通过一些异常情况预测到可能发生的事,并采取相关的行动来预防,可以保证企业顺利发展,提高生产经营的目的性,增强企业的管理活力。一位精明的企业家,必须认真学习和研究谋略,只有这样才能振兴企业且永远立于不败之地。

二、经营谋略的分类

从经营管理的角度来讲,经营谋略可以分为单向经营谋略和多向经营谋略。

单向经营谋略指会思维的人和不会思维的动物进行争斗时人类思维的过程及思维的结果;人与人之间非直接地围绕同一问题而进行的对抗性思维结果,或是对抗中的一方并无特定争夺对象的思维。如"竭泽而渔""设网捕雀""打草惊蛇""顺手牵羊""韬光养晦"

等典型案例。

多向经营谋略指在对抗中的思维主体为了最大限度地保护自己或者消灭对方而进行抗争思维运筹的过程或抗争思维运筹的结果。这种思维抗争的特点是双方或多方都围绕同一个问题或主题进行较量,各出高招,借以保全自己而消灭对方或其他对手。如周瑜的"反间计"、诸葛亮与司马懿对抗的"空城计"、孙膑与庞涓的马陵道较量等,都是有广泛影响的多向经营谋略。

三、经营谋略的商业应用

兵战同商战当然有异质性,但是也有同质性,如决策的预见性、谋划的宏观性、信息的盖然性、投入的风险性、实施的灵活性、管理的法规性、以功利为目的的竞争性、以小的代价换取最大胜利的价值观念等。《孙子兵法》常被用于商业,为企业经营管理者提供借鉴。随着市场竞争的日益激烈,经营谋略正为广大企业所运用。成功的企业家往往都擅长打造经营谋略。不同的企业、不同的境遇所运用的经营谋略也不同。

(一)知人善用

企业应该重视人才的作用,通过选才和用才,把所需的人才举荐到合适的岗位让其发挥巨大作用,促进企业发展。唯才是举、知人善荐是历代杰出人物的用人准则。用人要识人,识人还要把人放到与之匹配的岗位上,使人才得以施展才华,发挥其高度的责任心、事业心和积极进取的精神,在关键时刻发挥重要作用,这样企业才能兴旺发达。

(二)顺势而为

顺势才能够借力,才能够减少阻力,以比较小的代价获得比较大的成果,形成与竞争对手的差异,才能够抓住环境给予的机会。"以虞待不虞者胜"就是说对未来的变化有充分准备的人能够战胜那些轻敌冒进的人。顺势的关键一步就是预测,需要专门搜索一些资料,包括国家的政策方针,明了大势才能顺势而为。同时,还要关注影响企业经营环境的变化因素及竞争对手的情报信息,再用合适的理论知识对未来的发展方向做出预测,这样做出的决策才能水到渠成。顺应市场的变化,要做到以下三点:第一,运用综合知识,预测未来趋势,根据所预测的未来趋势做决策;第二,针对没有预测到而现在发生了的变化,企业要调整决策,以适应当前的情况;第三,企业没有及时发现的过去的趋势,要根据当前的经营情况调整未来的决策加以弥补,并想方设法化威胁为机会。

(三)借力打力

荀子在《劝学》中有这样一段论述:"登高而招,臂非加长也,而见者远;顺风而呼,声非加疾也,而闻者彰。假舆马者,非利足也,而致千里;假舟楫者,非能水也,而绝江河。君子生非异也,善假于物也。"这段话精彩地描述了要善于借助他人力量和外部条件。说的是登上高处,挥动手臂,在很远的地方也能看到;顺风而呼,声音并非洪亮,但听的人听得很清楚;借助车马,不用腿跑也能行千里之远;借助船只,水性不好也能渡过大江河。君子并不是与生俱来不同,关键在于他能借助外力。

我国的太极拳、日本的柔道都讲究"借力"。太极讲究"借力打力""以柔克刚",柔道强调"移动、平衡、杠杆借力"三原则。这两种运动有很多相通的原理,比如保持自己的平衡而使对手失去平衡。在商场,借力的方式有很多种,商人要是能正确运用,就可以用最少的资源使自己的实力得到最大幅度的增长,就像杠杆的效果一样。

(四)有的放矢

要做到有的放矢,必须细分市场。所谓市场细分,是以消费者需求为立足点,依据消费者购买行为的差异性,划分出不同的消费者群体。要尊重商品经济的内在规律,结合企业自身特点,组织生产适销对路的产品,采取差异性营销策略,满足各个细分市场的需求,以收到最好的营销效果。

(五)抓住时机

抓住时机不是投机,而是能发现机会并把握机会,有决断力。管理者要深刻了解抓住时机的含义,把握机遇,这对企业发展是很有帮助的。

(六)从长计议

在商业竞争中,有得有失是很自然的。得的时候要想到失,失的时候要想到得,得而复失,失而复得,商场没有常胜将军,有时风调雨顺,有时疾风暴雨,从长计议就是要做长远打算,不能为了眼前的利益而失去了长远目标。

任务四 创新是动力源泉

创新是推动一个国家、一个民族向前发展的重要力量,也是推动整个人类社会向前发展的重要力量。伴随着知识经济的到来,创新成为企业获得持续竞争优势的源泉。习近平总书记强调:"实现'两个一百年'奋斗目标,实现中华民族伟大复兴的中国梦,必须坚持走中国特色自主创新道路,面向世界科技前沿、面向经济主战场、面向国家重大需求,加快各领域科技创新,掌握全球科技竞争先机。"

一、创新的含义和作用

(一)创新的含义

创新是指以现有的思维模式提出有别于常规或常人思路的见解,利用现有的知识和物质,在特定的环境中,本着理想化需要或为满足社会需求而改进或创造新的事物,包括但不限于各种产品、方法、元素、路径、环境等,并能获得一定有益效果的行为。

在社会学概念中,创新是指人们为了发展需要,运用已知的信息和条件,突破常规,发现或产生某种新颖、独特的有价值的新事物、新思想的活动。创新的本质是突破,即突破旧的思维定式、旧的常规惯例。创新活动的核心是"新",它或者是产品的结构、性能和外部特征的变革,或者是造型、内容的表现形式和手段的创造,或者是内容的丰富和完善。

企业创新是现代经济创新的基本构成部分。企业往往由生产、采购、营销、服务、技术研发、财务、人力资源管理等职能部门组成,因而企业的创新往往涉及这些职能部门,主要包含思维创新、产品(服务)创新、技术创新、组织与制度创新、管理创新、营销创新、文化创新等。

(二)创新的作用

1.创新是民族进步的灵魂

创新是一个民族进步的灵魂,是一个国家兴旺发达的不竭动力,也是中华民族最深沉的民族禀赋。在激烈的国际竞争中,唯创新者进,唯创新者强,唯创新者胜。

2.创新是经济长远发展的动力

经济长远发展的动力源自创新。总结历史经验可以发现,体制机制变革释放出的活力和创造力、科技进步造就的新产业和新产品,是历次重大危机后世界经济走出困境、实现复苏的根本手段。企业能够在激烈的竞争中脱颖而出,离不开经营理念创新、制度创新、技术创新等各种创新手段。只有坚持创新,才能够推动企业向前发展。

二、企业创新文化及其构建

当今,人类已进入知识经济时代,更是创新的时代。社会各界无不崇尚创新、呼唤创新。"创新是企业获得持续竞争优势的源泉"已经成为政界、企业界和学界的共识,企业要持续创新就要建立创新型企业文化。

(一)企业创新文化的含义

创新文化是一种激发、培育和实现创新的文化。创新是企业活力的源泉,在企业中培育创新文化是实现创新活动的前提和源泉,是企业保持战斗力和创造力的有效保障。只有将创新精神融入企业文化之中,才能形成有利于创新的文化氛围和文化环境。

企业创新文化是企业为激励创新人才成长,促进创新活动进行,营造创新环境而形成的企业理念、制度、行为规范的总和。企业创新文化是为适应市场变化和竞争环境而形成的以创新为核心,并对创新具有导向、牵引作用的新型文化,它能够激发企业创新思想和创新行为的产生。创新文化一旦形成就会对企业产生积极的影响,它有助于企业创新成果的取得和创新效率的提高,是形成企业核心竞争力的原动力。

(二)企业创新文化的构成

企业创新文化由创新价值观、创新制度、创新行为构成,其核心层是创新价值观。

1.创新价值观

创新价值观是企业在生产经营管理过程中所倡导的创新观念,它向所有员工表明了一种共同的创新意识,也为员工日常的创新行为提供了指导方针。

2.创新制度

创新制度是指企业在生产经营管理活动中所形成的与企业创新价值观等意识形态相适应的企业制度、规章、组织结构等。

3.创新行为

创新行为是指创新主体在创新价值观、创新制度要素的作用下,为了实现创新目标而采取的一系列行动。

(三)企业创新文化的建设

1.建立有利于创新的企业制度

企业要根据所处的行业、经验管理情况制定出适合企业自身的整套鼓励创新的制度,设立各种激励创新的奖项,对提出创新意见的员工给予物质和精神上的奖励,从而充分发挥员工对企业创新文化建设的积极性。同时,建立与创新能力相联系的绩效考评机制,增强企业员工的创新热情,激发员工的创新潜能。

2.建立学习型组织,培养创新型人才

学习型组织是一种具有持久创新精神和创新能力并不断创造业绩的组织,是一种以创新和学习为最高价值的组织。培养学习型组织可以增强员工的创新积极性,提高全体员工的文化素质和技术技能,不断培养出创新型人才。企业要鼓励创新型人才不断提高自身的知识技能,开展更多的创新活动,创造出更多的创新成果,在企业内部形成创新型的企业文化。

3.搭建创新平台

为了使创新避免沦为口号,企业应当将创新真正贯彻到生产实践、运营管理过程中,构建创新平台。上海汽车工业(集团)总公司在创立之初,就设计了用户满意工程、全面创新工程、全球经营工程、人本管理工程四个操作平台,推动企业文化创新。宝钢集团有限公司则持续开展技术交流,举办"观念与创新"研讨会,鼓励员工提供创新想法。

三、商业创新的方法与途径

企业只有通过不断创新才能适应新的机遇,也只有创新才能具备"应万变"的适应能力,以应对快速变化的市场。企业要适应互联网时代下新的市场、新的商业环境,实现转型发展,都离不开创新。

(一)制度创新

制度创新是指在人们现有的生产和生活条件下,通过创设新的、更能有效激励人们行为的制度、规范体系来实现社会的持续发展的创新。所有创新活动都有赖于制度创新的积淀和持续激励,并以制度化的方式持续发挥自己的作用,这是制度创新的积极意义所在。企业制度创新的策略包括:

1.管理思维的创新

企业要实施管理创新,首先,要进行管理思维的变革,树立科学发展观;其次,要在企业中建立起浓厚的管理创新意识和氛围;最后,要树立新的市场竞争观念,追求管理思维的及时性和有效性。

2.管理制度的创新

市场经济条件下,由于生产和服务流程变得更加复杂,企业必须进行管理制度创新。创新要获得成功,需要有效的组织结构和富有经验的专业管理。在组织结构创新方面,企业可以对组织结构做出重大的变革,也可以对企业中一个或多个关键要素加以变革。例如,可将几个部门的职责组合在一起,或者精简某些纵向层次,拓宽管理幅度,使组织扁平化或机构更少;可以制定更合理的规章制度,提高企业的正规化程度。在管理创新方面,管理的重点要由对物的管理转向对人的管理,尊重人的价值和能力,激发人的创新性和能动性。

3.管理方式的创新

在经济全球化形势下,信息化、科学技术、网络化迅猛发展,为保证企业在激烈的竞争中求得生存和发展,企业必须在管理方式上进行创新,采取与时俱进的、符合行业、企业特点的管理方式,通过实施新的、有效的管理模式、管理方法和手段,变革和替代原有的不适应企业发展要求的习惯做法和模式,使企业的管理系统实现更高的管理效能。

(二)商业模式创新

企业与企业之间、企业的部门之间,乃至企业与顾客、渠道之间都存在各种各样的交易关系和联结方式。商业模式创新是改变企业价值创造的基本逻辑,以提升顾客价值和企业竞争力的活动。

企业在经营过程中需要考虑为目标消费者提供什么样的产品或服务;如何将产品和服务传递给目标消费者;在所处的商业生态网络中该如何定位自己的角色。企业必须适时创新自身的商业模式,以获得竞争优势。具体包括以下五个方法。

1.重新定义顾客,提供更具特色的产品和服务

企业的经营应以顾客需求为导向,根据顾客需求的变化细分顾客群体,为顾客提供更具特色的优质产品和服务,满足顾客的需求,进而获取潜在的利润。例如,我国民营航空公司——春秋航空,避开与大航空公司的竞争,抓住观光度假旅客和中低收入商务旅客的需求,仅对顾客提供最基本的服务,以此实现降低机票价格的目的,"省之于旅客,让利于旅客"。

2.改变提供产品或服务的路径

改变提供产品或服务的路径就是要改变分销渠道,例如戴尔消除了分销商的环节,创造了直销商业模式。通过直接接触,戴尔能够掌握第一手的顾客需求和反馈信息,为顾客提供"一对一"的服务。围绕直销,戴尔打造了整合采购、装配、输出的高效的运转链条,将产品直接送到顾客手中。戴尔的直销模式省去了中间商,极大地降低了成本,取得了巨大的竞争优势。

3.改变收入模式

改变收入模式就是改变企业的用户价值定义和相应的收入模型。这并不是市场营销范畴中的寻找用户新需求,而是从更宏观的层面重新定义用户需求,即深刻理解用户购买产品需要完成的任务或要实现的目标是什么。其实,用户要完成一项任务需要的不是产品本身,而是一个解决方案。一旦确认这个解决方案,也就确定了新的用户价值定义,可依此进行商业模式创新。

4.改变售后服务体系

例如,海尔集团依靠有效的信息化手段,建立了闭环式的服务体系,服务创新走在了

行业的前列。顾客拨打海尔"全程管家365"热线,就可以预约海尔提供的全方位服务,增值服务已经成为海尔商业模式中不可缺少的部分。

5. 改变技术模式

产品创新往往是商业模式创新的最主要驱动力,而产品创新离不开技术变革。企业可以通过引进先进技术来主导自身的商业模式创新,如众多企业利用互联网进行商业模式创新。

【测试与思考】

一、单项选择题

1. ( )是企业创业守业的根本。
    A. 勤勉节俭　　　　B. 诚实守信　　　　C. 义利并重　　　　D. 精明强干
2. 古人提倡"俭以养德",认为:"俭,德之共也;侈,恶之大也。"这是在提醒我们( )。
    A. 奢侈是最恶劣的行为　　　　　　B. 浪费是最大的犯罪
    C. 俭是治家的法宝　　　　　　　　D. 要勤俭节约,不要铺张浪费
3. ( )是企业经营和发展的基础。
    A. 诚信　　　　　　B. 守法　　　　　　C. 创新　　　　　　D. 爱国
4. 策划是一种( ),在本质上是一种脑力的理性行为。
    A. 计划　　　　　　B. 决策　　　　　　C. 谋略　　　　　　D. 程序
5. ( )的本质是突破,是打破旧的常规惯例。
    A. 创新　　　　　　B. 诚信　　　　　　C. 守法　　　　　　D. 敬业
6. 现代商业企业应树立( )的义利观。
    A. 重义轻利　　　　B. 先利后义　　　　C. 重利轻义　　　　D. 义利并重
7. "德不称其任,其祸必酷;能不称其位,其殃必大"反映出选才时( )的重要性。
    A. 才干　　　　　　B. 品德　　　　　　C. 潜力　　　　　　D. 创新力
8. "任人之道,要在不疑;宁可艰于择人,不可轻任而不信"是说管理者在用人方面要( )。
    A. 用人不疑　　　　B. 用人之长　　　　C. 善于用人　　　　D. 尊重人才
9. "人不可貌相,海水不可斗量。""相马失于瘦,遂遗千里足。"这些名言反映了管理者在用人方面( )。
    A. 要以貌取人　　　B. 要唯才是举　　　C. 只重视能力　　　D. 善于识人
10. 下列不属于留住人才的方法是( )。
    A. 树立正确的人才观　　　　　　　B. 完善培训内容
    C. 建立科学合理的薪酬制度　　　　D. 塑造良好的工作环境

二、简答题

1. 古人云:"人无诚信不立;家无诚信不和;业无诚信不兴;国无诚信不宁。"那么,诚实守信的作用有哪些?
2. 倡导"义利并重"的意义何在?

3. 简述如何推动企业守法经营。
4. 谈一谈创新对国家、社会和企业的作用。
5. 科学的选才标准是什么？

【实训安排】

"传承商人品格"座谈会

一、实训目标

1. 加深对诚实守信、义利并重、精明强干、勤勉节约的认知。
2. 让学生领悟商人品格的真谛，树立、塑造、传承和发扬商人品格。
3. 锻炼学生搜集、归纳、整理信息的能力。
4. 锻炼学生的语言表达能力和现场反应能力。

二、实训内容

结合本单元的教学内容，以小组为单位查阅关于诚信、义利观、精明强干、勤勉节约的知识和资料，观看相关的视频或纪录片，再以班级为单位召开"传承商人品格"座谈会，提高学生对商人品格的理解和掌握。

三、实训要求

1. 全面收集、整理相关资料，包括图片、音像、文字等资料。
2. 主题符合社会主义核心价值观。
3. 使用普通话，声音洪亮，富有感情。
4. 注意主持节奏和现场控制能力。

四、实训成果

1. 撰写发言稿与制作PPT。
2. 做座谈会笔记。

五、评价标准

根据实训成果，进行"优、良、中、及格、不及格"等级评定。

模块五　养成商业素养

【素质目标】

◎具备一定的商业意识,能遵守商业道德。
◎培养一定的商业素养,形成一定的商业技能。

【知识目标】

◎理解商业意识的含义、分类和作用,了解如何正确建立商业意识、培养商业思维,理解商业道德的含义。
◎理解商业素养的含义、特点和内容,了解商业技能培养的方法和重要性。

【能力目标】

◎能够培养敏锐的商业眼光,强化执行力,塑造良好的商业道德。
◎能够从多角度区分商业素养的类型,将商业技能的培养理论运用到实践中。

【模块导读】

商业素养是商人的必备要素,养成良好的商业素养是从事商业活动的重要条件。商业素养的养成并非一蹴而就,其形成和发展需要一定的时间及实践的检验,商业素养的培养对于商业文化发展有着重要意义。通过本模块的学习,学习者可以树立良好的商业意识、商业道德,有助于培养商业技能,养成商业素养。

【引导案例】

宋非凡的小丑鲜花店

宋非凡原本从事餐饮行业,一次在大街上看到有人在卖花,虽然那人很努力地在售卖,但是生意仍十分冷清。宋非凡觉得卖花人虽然卖力吆喝,但是还没有商店门口用来促销揽客的充气玩偶吸引人的眼球,于是一个想法就此产生。宋非凡心想:如果卖花人的穿着打扮更引人注目些是不是能增加销售量呢?如果一个马戏团的小丑跑到街边卖花是不是更能吸引顾客呢?就算人们当时不购买鲜花,但是小丑形象也能在人们心里留下一些印象,那么当人们有购买鲜花的需求时,是否能第一时间就想到有一个小丑在卖花呢?

有了这个想法后,在母亲节这天,宋非凡的小丑鲜花店开业了。在开业当天,花店就营利了好几百元,这给了宋非凡极大的信心。对于宋非凡来说,他的花店规模小,资金也有限,但是他本人就是花店的移动广告,无论去哪里送花他的小丑造型都能引起行人的注意。这么多人被他的小丑送花模式吸引,这让宋非凡产生了极大的自信心与自豪感。

小丑鲜花店不同于其他普通花店,宋非凡和员工上门送花的时候,除了扮成小丑外,还会表演魔术或杂技,这也是打响知名度的原因。但是这样的话,员工就需要接受一定时间的培训,节目表演是免费的,员工培训需要付费请教练,这也增加了花店的成本。小丑鲜花店的鲜花售卖价格并不高,因此想要获得更多的利润只能依靠订单量的增加。这样问题也就产生了,遇到节日等特殊日子的时候,面对大量订单人手却不够,只能让订单流失。这引发了宋非凡新的思考——开启连锁加盟。

有时候,顾客会要求具体的送花时间,为了准时送到,宋非凡都是宁可提前到,也不踩点到,从不让客户等待,因为这关系到小丑鲜花店的信誉,诚信对于服务业来说是至关重要的,遵守时间约定体现了店家的商业素养。

案例思考:
1. 宋非凡的小丑鲜花店带给你怎样的启示?
2. 宋非凡在商业经营活动中体现了哪些商业素养,小丑鲜花店成功的原因有哪些?

单元一 培养商业意识

任务一 商业意识的内涵

商业意识就是用商业的思维去看待问题。商业意识强的人,具有良好的全局观和系统思考能力,会从更广的维度来看待和解决日常问题。对于想从事商业的人来说,必须培养敏锐的商业意识。

事实上,许多管理者直到被提拔至中层以上的管理岗位之后,才切实地意识到商业敏感度不足带来的巨大弊端:战略实施不到位、部门协同不力、业绩停滞甚至倒退等。

拉姆·查兰在《CEO说:人人都应该像企业家一样思考》中提到,不论做什么工作,都需要了解整个组织是如何赚钱的,这样有利于更有激情、更有效地决策,打破职能竖井的局限。

一、商业意识的含义

商业意识是商业活动中的职业意识,是一种贯彻于商业诸多环节的思维想法,通常被认为是一种商业上超前的意念和想法。通过对商业未来的展望和对过去商业经验的总结利用,从而取得相应的进步。

二、商业意识的分类

商业意识一般包括以下三类。

(一)市场洞察力——发现商机或者发现问题

简单地讲,市场洞察力就是前瞻性地预见市场未来将发生什么变化。通过对客户全新的、方向性的了解,在瞬息万变的市场中捕捉所需信息,从一些端倪中及时发现消费者的需求变化、经销商的异常举动、竞争对手的商业动作等,并及时做出正确判断,随时做出反应。

市场洞察力是企业在客户数据管理、客户分析、客户洞察应用三个方面相互驱动的闭环过程中逐步积累并不断优化的客户认知、分析和应用能力。

首先,市场洞察的基础是客户数据管理,是在对客户数据的全面掌握后建立起的对客户全面的认知。

其次,市场洞察的核心是客户分析,即确定可实施的业务目标,选择合适的模型方法进行动态分析。

最后,市场洞察的关键是客户洞察应用,即由分析结果驱动,将分析结果在企业内部广泛应用。因此,客户洞察是不断将思路转变为执行行动,再根据行动结果优化思路,而不是单纯地维护数据或构建模型。

从企业实操的角度来看,洞察能力的应用领域可以分为企业外部和企业内部。企业外部的洞察重点是研究市场竞争格局及发展态势、消费者心智及消费行为的变化趋势,从而使企业的品牌战略和沟通策略有据可依;企业内部的洞察重点是执行力及管控情况,要解决的问题是如何让品牌策略对企业执行团队进行引导和约束。

机会对于大家来说是平等的,关键就在于如何去发现、如何去挖掘,又如何去把握。成功者往往善于发现机会,并在机会来临时毫不犹豫地去把握。只有具备了敏锐的洞察力,才能做到知己知彼,才能了解客户的需求,才能了解市场的需求点。这样才能找到客户,才能找到市场,才能获得成功。这种能力是打造竞争优势的基础,可以增强企业的核心竞争力。

(二)反应能力——制订相应策略

遇到问题不要急于下结论,先要学会观察和分析问题,认识问题的本质,考虑每一个环节,这样可以更快地解决问题。集中精神,做事情专注,可以很好地提升反应能力。如果情绪非常激动,或过度紧张,就会抑制思维活动,使自己陷入不利的境地。遇到意外的情况,要表现出高度的冷静和十分的自信,客观、深入地看待生活中的各种问题,从问题的本质和根源出发,运用开阔的思维寻找解决问题的方法。

提高反应力,关键在于集中精神。在与人的交往中,如果心无杂念、认真专注,反应速度必然很快。在提高反应能力的同时一定要认清企业内部的优势与弱点,建立长期目标,并根据情况选择最佳的实施策略。制订策略是企业基础管理的一个组成部分,是科学化加艺术化的产物,策略一经制订在一段时间内就要坚持执行。

(三)执行力——提高执行能力

所谓执行力就是将策略、规划落到实处,贯彻战略意图,完成预定目标的操作能力,是把企业战略、规划转化成为效益、成果的关键。对团队而言,执行力就是战斗力;对企业而言,执行力就是经营能力。衡量执行力的标准,对个人而言是按时按质按量完成自己的工作任务;对企业而言是在预定的时间内完成企业的战略目标。成功的企业,20%靠策略,60%靠企业各级人员的执行力,其余靠的是运气等因素。有些企业虽然已经认识到策略的重要性,却非常欠缺执行的能力,从而导致即使制订了合理、科学的策略、规划,但并未执行到底,最终功亏一篑。

大多优秀的企业,其内部都有一种浓厚的执行文化,注重承诺、责任心、强调结果导向,这一切都是执行文化的具体表现。在这样的企业里,管理层制订的策略往往能够开花结果,取得持续性的成功。而缺乏执行力的企业,即使请来咨询公司助其一臂之力,也很难成功,原因在于过分依赖咨询公司的力量,而咨询公司毕竟是空降兵,当其使命完成的时候就会离开,因此企业是否能改革成功要依靠企业本身。

企业面对执行力差的难题,应该如何解决呢?

首先需要强调的是,执行力的提升是整个企业的事,而不只是少数领导层的"专利",但领导层在其中所起的作用非常巨大,所谓"火车跑得快,全凭车头带",领导有意识地发挥带头作用,从而使执行力成为促使企业发展的核心元素。

其次要用战略的眼光诠释执行力,也就是说不要陷入执行力的"迷雾",将目光仅限于眼前的"一亩三分地"上,而要有一个蓝图,并根据蓝图将执行力的衡量标准明确。

好的执行力必须靠管理者推动,执行是目标与结果之间关键的一环,是企业实现预定目标的主要手段。它不是简单的战术,而是一套通过提出问题、分析问题、采取行动来实现目标的系统流程,是企业策略的一部分。

【拓展阅读】

颜色经济学

这是一个关于编织袋的故事。在一次温州企业经营状况调研中,一位企业家讲述了他的故事。

这位企业家曾是个农民,他做的是用于装饲料的编织袋的生意。他在生产编织袋的同时,回收了许多旧的编织袋。由于旧编织袋一看就是用过的,不好卖,所以他想了一个办法,把颜色漆成黑的,这样看起来仍像是新的。故事并没有停留在这里。如果仅仅把颜色漆成黑的,人人都想得出,而且有投机倒把的嫌疑。

这个故事后面的演绎显示出了知识的重要性。原来当时农村的壮劳力都到城里打工去了,留在家里的大多是老弱病残,相对来讲大多不认字。于是这位企业家想出了一个点子:把不同的编织袋漆成不同的颜色,比方说猪饲料袋漆成黄色,鸡饲料袋漆成蓝色。这样,不认字的消费者就可以仅凭颜色判断饲料的种类了。后来某饲料公司使用了这个创意以后销量大增,而这位企业家也靠这个小小的创新走上了创业道路。

任务二 培养商业意识的途径

随着互联网技术的发展,我国已进入"大众创业、万众创新"的好时代,对于有梦想的人,必须培养敏锐的商业意识和创业胆识,在创新创业中取得属于自己的成功。

培养商业意识的途径一般有以下三种。

一、扩展商业视角

商业视角即客户视角、财务视角和经营者视角。

(一)客户视角

客户是企业营利的源头,具有商业意识首要的一点就是关注和了解客户。

不论身处企业的哪个层级都要知道:企业的客户群体是哪些?企业的客户真正的需求是哪些?给客户提供怎样的价值主张,这些价值要通过怎样的方式传递给客户?如何维系客户,吸引并保留客户?日常管理工作如何与客户需求相关联?为此,企业需要直接、近距离地观察消费者,了解消费者购买商品的真正理由,为客户创造真正的价值。

基于客户视角,还可以进一步提出问题:企业面临着怎样的竞争态势?行业的动向、政策的趋势是怎样的?企业的商业模式是怎样的、价值链是怎样的,实现这些价值需要企业具备哪些资源?有了这些观察和分析,企业的经营活动才有方向。

(二)财务视角

财务指标就像汽车的仪表盘,随时展示着企业的经营状况。

1. 现金净流入

现金好比一家企业的血液,现金流断了,企业也就玩不转了。作为企业家和管理者,须时刻考虑:企业是否有充足的现金流?现金流入的源头有哪些?现金流向了哪里?如何有效地使用手上的现金?

现金流的管理涉及与客户、供应商的商务合作方式,涉及企业的筹资和投资,也涉及企业的供应链管理、运营效率等。

2. 资本收益率

资本收益率可以从两个方面来解读,一个是利润率,即企业投入的资本是否赚到了钱,企业的市场表现、销售水平怎么样,企业的成本管控是否合理。这些指标涉及企业的产品组合、价格、渠道、客户等,以及企业的费用控制。另一个是周转率,通俗来说就是企业的管理效率,比如订单的交付周期、交付时长等。

资本收益率最终体现的是企业的核心竞争力,即企业在产品组合、价格、渠道、客户等方面是否具有自己独特的优势,是否能快速抢占市场,是否具有成本优势,是否具有快速的市场响应能力。

3. 营利性增长

营利性增长是企业可持续发展的终极保障。

以某超市为例,其营利性增长战略可拆解为三个层面。

首先,在商品打造上,该超市选择生鲜与服装两大品类。生鲜与服装潜在毛利率高,但经营难度大,因而打造了差异化竞争力。

其次,在业态选择上,该超市提出了"先大后小"的选址策略,将大卖场作为未来发展的主流业态。优先倾斜资源给销售额高、营利能力强的卖场,在所处区域内大卖场市场饱和后再考虑以社区型门店作为补充。

最后,在区域扩张上,强调避开竞争,集中发展。避开区域龙头企业,布局市场空白较大的市场。同时为在短期内获得规模效应,提升品牌影响力,选择在区域内集中发展。

在营利性增长的经营理念及各项配套的战略、制度推动下,该超市业绩实现了持续、稳定增长。

(三)经营者视角

企业的管理者还需要具有相应的经营者视角,对企业经营的全景及企业各组成部分之间的内在关系有深刻的理解,然后调动团队力量,达成企业的业绩目标。要具备经营者视角需提升以下能力。

1. 组织能力

组织能力的打造,简单来说,一是选择合适的人放在合适的位置,二是提升员工的能力。作为企业家或管理者,需要有识人、用人的能力,既要有选人的眼光,也要有用人的胆识。用人的时候,除了考虑岗位技能,还需考虑员工的态度、思维模式、天赋、内驱力等,知人善任。培训的时候,除了关注员工业务方面的能力,还要考虑其行为能力和思维能力的提升。

2. 协调能力

协调能力重点表现在设计一套有效的沟通交流机制,减少沟通壁垒,让管理更加高效、有序。作为管理者,可以通过对话和以身作则的方式,营造一个开放、坦诚的沟通环境。

二、增强商业嗅觉

商业嗅觉即能够从别人不关注的事物中发现商业价值,并能够利用一系列的商业工具使该价值变现。敏锐的商业嗅觉是对商业价值的感知能力和判断能力的综合体现。增强商业嗅觉可以从以下五个方面着手。

(一)学习相关知识,培养商业头脑

如果对某个行业不了解,缺乏经济学知识,则很难发现商机。因此,了解身边的行业,多学习经济学类、营销学类、心理学类等商业相关知识,理清商业逻辑,了解企业基本的运营规则,才能逐渐培养起商业意识。

(二)尝试拆解分析,建立思考的导向流程

商业嗅觉需要通过长期的学习、观察、思考及总结才能慢慢形成。思考能力的提升需要细心观察,通晓商业中的一些最基本的要素。在分析时,可以参考下列问题进行思考:

(1)顾客需求:受众的核心需求是什么?
(2)营利模式:对手企业是怎么持续赚钱的?
(3)找切入点:有没有好的市场切入点?
(4)流量来源:顾客在哪?如何吸引他们?

(5)核心卖点:用户为什么要买本企业的产品?
(6)搞定产品货源:产品货源怎么搞定?
(7)分销渠道:怎样让别人帮本企业卖产品?

这些问题是进行商业活动时需要考虑的,需要一次又一次地不断思考、不断优化。

(三)保持敏感度,细心观察

敏感度是商业创新的驱动力,养成用商业思维观察这个世界的习惯,多思考,多总结,可以大大提升发现机会和捕捉机会的能力。比如观察交通运输业,可以思考:出租车为什么要定起步价?公共汽车上为什么有很多广告?为什么会有红绿灯?新能源汽车是未来的发展趋势吗?未来能有低空飞行的城市公共交通工具吗?超音速交通工具能实现吗?再比如观察商圈,可以思考:商圈中的人为什么而来?商圈中企业的经营模式是什么?它们用什么吸引顾客?为什么有的店一直有很多人在排队?老店是如何保持持久活力的?

(四)验证假设,提升商业嗅觉

除了学会观察,商人还需要学会分析和推演,验证自己的假设,不断总结经验,提升自身的商业判断力。例如,一家新店铺开张,可以分析它的成本、客源、利润等要素,根据分析结果对店铺经营做预判,经过一段时间后再去验证自己的预判,验证前期的假设。如果与自己的预判不相符,就要反思之前的分析策略,重新分析判断。在不断预判、不断验证、不断总结的过程中,商业思考逻辑就逐渐形成了。

同时要多研究一些优秀的商业案例,从中吸收营养,然后分析身边的企业,通过假设、验证,最后提升自身的商业嗅觉。

(五)可行性分析,小额测试和落地

当发现机会以后,还要学会做调查和数据分析,判断这个商机的可行性和适用性。商业项目要靠实践才能得到最好的验证,在做重大决策之前可以先做小的尝试,通过小额测试,验证项目能不能做、好不好做、值不值得做。

培养真正的商业意识,不仅需要敏锐的商业嗅觉,更需要深度分析和思考,获得持续营利的能力。从事商业经营,要有意识地积累相关知识,如基础财务知识、经济学知识、行业知识、心理学知识、管理学知识等,凡事多思考,多提问,多与各行各业的人打交道,了解最新信息,通过与不同行业的人探讨,增长自己的见识,发现商机和竞争对手的弱点。同时还要站在整个商业链条的角度,看上下游企业提供的差异化产品和服务,用自己学习到的理论知识落实自己的目标,实践更容易提高自己的商业意识,也能帮助自己找到兴趣点。

三、培养商业思维

商业思维本质上就是解决商业问题的思维,是一种带有经济目的,提供产品和服务的思考方式。"商业思维就是把握经营本质的能力,包括了解利润率、投资回报率以及增长率等。"简单来说,商业思维就是一种"以利益为先"的思维。商业思维并不是只存在于商业活动中,在日常的经济行为、个人的事业发展及人际交往中,都蕴含着丰富的商业思维。

可以从以下四个方面培养商业思维。

(一) 付诸实践

提升商业思维能力最重要的是采取实践性行动,任何能力的提升都要付诸实际行动,若只是停留在口头上,任何提升能力的话都是空话,商业思维能力的提升尤其如此。

(二) 读书学习

阅读企业管理、商业运营等相关书籍,掌握基本的商业管理逻辑和思维,了解企业家的独特视角和思维,并有意识地将理论知识运用到实践中。

(三) 与人交流

无论是家庭还是学校,都是社会的一个缩影,在这些相对较小的范围内,可能会遇到各种需要应变能力才能解决的问题。提高在小范围内的应变能力并推而广之,在面对更为复杂的社会问题时才能得心应手。多与人交流,吸取经验和教训,可以不断提升商业思维能力和实践能力。

(四) 复盘总结

不断复盘总结自己在商业思维能力提升方面的进步与失误,对于进步,在肯定的基础上不断加强。经过不断复盘总结,思维认知随之迭代更新,形成认知框架和完整的知识体系。逐渐形成商业思维逻辑,才能真正提升自己的商业思维能力。

【拓展阅读】

<h3 style="text-align:center">某二酸菜鱼经营的底层逻辑</h3>

为什么某二酸菜鱼店里没有6人座、8人座,只有4人座呢?

那就是从底层逻辑出发。餐厅的底层逻辑是什么?是坪效。门店租金是餐厅最主要的成本之一。因此,我们常用坪效来衡量一家餐厅的运营效率。坪效,就是门店每平方米每年创造的收入。坪效越高,经营效率就越高,营利能力也越好。用公式表示:坪效 = 店铺总收入÷单店总面积。因此,一家门店想要营利,就要做到让每平方米的坪效大于租金。

一家餐厅的营业额高峰,一般在两个时间点:午饭和晚饭时间。午饭和晚饭的营业额越高,坪效自然越好。但是,怎么提高营业额呢?核心是提高翻台率。什么样的顾客,可能会吃很长时间,影响到翻台率呢?一般是6个人、8个人一块来聚会的顾客。所以,某二酸菜鱼只有4人座,不是因为店面小,而是为了提高翻台率。

为什么餐厅会主打酸菜鱼这个品类?是为了提高翻台率。招牌菜就是一道酸菜鱼,顾客不用花时间纠结。这时餐厅可以提前做好预制菜,那么制作的时间成本会大大降低,上菜速度更快。这就是从底层逻辑出发来思考问题。

单元二　遵守商业道德

任务一　商业道德的内涵

一、商业道德的含义

道德是通过行为规范和伦理教化来调整个人之间、个人与社会之间关系的意识形态，是以善恶评价的方式调整人与社会相互关系的准则、标准和规范的总和。道德规范的调控作用几乎体现于人们的所有活动领域，既体现在日常生活中，也体现在有组织的社会活动中。道德是社会意识形态之一，是人们共同生活及其行为的准则和规范，道德通过社会或一定阶级的舆论对社会生活起约束作用。

商业道德是职业道德在经商活动中的体现，为人们提供了判断商务活动是否符合道德规范的商业道德行为准则。我国古代就有经商要合义取利、价实量足等要求。商业道德作为一种意识形态，不仅为一定的社会经济和文化所决定，而且也反作用于一定的社会经济和文化，对商业活动具有重要的指导意义。改革开放以来，我国经济建设取得巨大成就，社会生产力逐渐提高，商品经济日益发达。在这种情况下，从事商业活动的商业主体更应讲究商业道德，具备良好的商业信誉，树立正确的商业道德价值观，使企业和社会经济可以持续健康发展。

二、商业道德的表现形式

加强以商业道德为核心的文化建设，可以约束人们的行为，倡导人们树立正确的义利观、正确的荣辱观、积极的竞争观。根据《关于进一步加强商业职业道德建设的意见》(以下简称《意见》)所提出的要求，应以"爱国守法、明礼诚信、团结友善、勤俭自强、敬业奉献"为基本道德规范，以规范市场经济秩序和建立良好商业信用体系为目标，大力倡导"守法、诚信、公平、敬业、服务"的商业职业道德准则，培养、造就有理想、有道德、有文化、有纪律的商贸流通队伍，努力建立与社会主义市场经济发展要求相适应的商业信用体系。《意见》中明确指出商业职业道德建设的主要内容有以下五个方面。

(一) 守法

遵守法律是商贸流通企业经营活动的基础，企业的一切经营活动，包括经营商品的质量、商品价格、广告宣传、经济合同等必须严格按照国家的法律法规和标准，进行规范和约束。企业和职工要切实做到知法、懂法、守法，严格依法管理、依法经营，杜绝有法不依、违法经营的现象。

(二) 诚信

诚信是商业职业道德建设的核心内容。商贸流通企业要以"德、诚、信"为出发点，以

"货真价实、买卖公平"为经营原则,牢固树立以德经商、以信兴业、诚信为本的企业理念和价值观,塑造奋发向上、与时俱进的企业精神。

(三) 公平

公平是企业经营的最基本要求,特别是商品的价格必须公平、合理,做到货真价实,杜绝价格欺诈和缺斤少两等不良行为。同行之间的竞争必须公平,不以非法或非道德手段来排挤、打击、损害竞争对手或垄断市场。

(四) 敬业

要大力倡导敬业奉献的职业精神,积极开展职业观念、态度、技能、纪律、作风、责任等方面的教育,树立正确的职业观念。通过开展岗位培训、岗位练兵等活动,鼓励员工争当"文明职工""职业能手""服务明星"和"敬业标兵",培养造就一批职业道德水平高、业务素质过硬的职工队伍。

(五) 服务

服务是企业经营活动的最终落脚点。企业经营的宗旨是一切为了方便人民群众,全心全意为人民服务。企业必须强化服务意识,不断创新服务内容,提升服务质量。要大力倡导热情服务、微笑服务、真诚服务,一切以消费者利益为出发点,想顾客所想,急顾客所急,最大限度地满足消费者需求。对不同消费层次和消费水平的顾客要一视同仁,切实做到童叟无欺。要不断完善服务设施和服务功能,为消费者创造快捷、舒适的购物环境。

三、商业道德的特点

商业道德在市场经济条件下,既具有道德的一般特点,又具有职业道德的特殊性,体现为商人的道德规范在具体商业情境和商业活动中的应用,为人们提供了判断商业活动是否符合道德规范的行为准则。

(一) 商业道德的服务性

商业道德的服务性是由商业性质决定的。商业是最直接、最广泛与消费者打交道的行业,服务性强。商业从业者要做到以满腔热情的工作态度为消费者提供最优质的服务,其服务质量的好坏是检验和衡量其商业道德水平高低的基本尺度。

(二) 商业道德的公平性

商业道德的公平性是社会对商业从业人员的基本要求。在市场经济条件下,商业领域必须实行等价交换,公平是买卖双方共同的要求,只有如此,才能体现出生产者和消费者在流通领域的平等关系。商业道德的公平性还体现在:商品要在法律允许的范围内进行交换,并且商业从业人员所提供的商品必须是合格的,不能是伪劣商品。

(三) 商业道德的媒介性

商业在商品交换和流通中起着中介作用,因此商业道德具有媒介性。媒介的双方是消费者和生产者。一方面,商业经营者应该如实向生产部门反映消费者的需求,包括对商品的质量、品种等方面的意见;另一方面,商业经营者应如实向消费者介绍商品的性能、质量、用途及生产厂商的情况等。商业经营者应该对生产者和消费者尽职尽责,使商品在流转过程中尽可能少受损失,对已售出的商品做好售后服务。

(四)商业道德的多层面性

商业作为市场的纽带和中介,其涉及面非常广。在商业领域中,商业采购、储运、销售、管理、广告宣传等岗位的工作人员都应遵守其具体岗位的道德要求。比如采购人员的道德素质影响企业的信誉和经济效益;储运人员的道德素质影响商品的收储待销和运输中商品、设备、工具及人员的安全性。

【拓展阅读】

明晰商业道德,"助攻"正当竞争

2022年3月16日,《最高人民法院关于适用〈中华人民共和国反不正当竞争法〉若干问题的解释》(以下简称《解释》)发布,自2022年3月20日起施行。值得注意的是,《解释》对《中华人民共和国反不正当竞争法》第二条的适用条件进行了细化,并重点强调了商业道德。

《中华人民共和国反不正当竞争法》是一部鼓励和保护公平竞争、制止不正当竞争行为、保护经营者和消费者合法权益的重要法律。

《解释》对商业道德进行了重点强调和细化,不仅有利于市场主体准确理解商业道德,更有助于司法人员在实践中科学判断某些行为是否遵守了商业道德。

《解释》第三条明确规定:"特定商业领域普遍遵循和认可的行为规范,人民法院可以认定为反不正当竞争法第二条规定的'商业道德'。"这表明商业道德有其特定标准,不能简单等同于日常道德标准。对于司法实践中该如何判断经营者是否违反商业道德,《解释》给出了较为明确的指导意见,可帮助司法人员判断。

一方面,"人民法院应当结合案件具体情况,综合考虑行业规则或商业惯例、经营者的主观状态、交易相对人的选择意愿、对消费者权益、市场竞争秩序、社会公共利益的影响等因素,依法判断经营者是否违反商业道德"。另一方面,"可以参考行业主管部门、行业协会或者自律组织制定的从业规范、技术规范、自律公约等"。

对于司法机关而言,准确理解商业道德,准确判断是否违反商业道德,可提升司法公正性。

《解释》明晰了商业道德,既有利于保护没有违反商业道德的行为,也能让违反商业道德的行为受到法律惩罚。从某种意义上说,使商业道德不再停留在概念层面,而是有了具体判断标准。

市场经济无疑需要正当竞争,只有反不正当竞争,才能为正当竞争创造良好环境。

任务二 遵守商业道德的要点

一、遵守商业道德标准

加强自身修养,养成良好的商业道德是商业经营者的立身之本。2019年,中共中央、国务院印发的《新时代公民道德建设实施纲要》指出:"推动践行以爱岗敬业、诚实守信、办事公道、热情服务、奉献社会为主要内容的职业道德,鼓励人们在工作中做一个好建设者。"而"爱岗敬业、诚实守信、办事公道、热情服务、奉献社会"正是遵守商业道德标准的基本要求。

(一)爱岗敬业

爱岗敬业,通俗地说就是"干一行爱一行"。它要求从业者既要热爱自己所从事的职业,也要以恭敬的态度对待自己的工作岗位。

爱岗敬业是指对自己的工作要专心、认真、负责任,为实现职业上的目标而努力。爱岗敬业是职业道德的基础,是社会主义职业道德所倡导的首要规范。爱岗就是热爱自己的本职工作,忠于职守,对本职工作尽心尽力;敬业是爱岗的升华,就是以恭敬严肃的态度对待自己的职业,对本职工作一丝不苟。

(二)诚实守信

诚实守信是社会主义市场经济对道德建设的一个重要要求,是人和人之间正常交往、社会生活能够稳定、经济秩序得以保持和发展的重要力量。

诚实就是实事求是地待人做事,不弄虚作假。在商业职业行为中最基本的体现就是诚实劳动,全面、充分履行与消费者的约定义务,守诺践约,反对规避自身义务及各种商业欺诈行为。守信,要求讲信誉、重信誉、信守诺言。守信要求每名从业者在工作中严格遵守国家的法律、法规和本职工作的条例、纪律,做到秉公办事,坚持原则,不以权谋私。诚实守信要求人们实事求是、信守诺言,对工作精益求精,注重产品质量和服务质量,同弄虚作假、坑害人民的行为进行坚决的斗争。

(三)办事公道

办事公道是指从业者在处理事务和与人交往时,要不偏不倚、客观公正、公平公开,对不同的服务对象一视同仁、秉公办事,不因职位高低、贫富亲疏的差别而区别对待。

比如,服务人员在接待顾客时不以貌取人,不嫌贫爱富,对不同顾客都能一视同仁,提供同样热情周到的服务,这就是办事公道。

(四)热情服务

热情服务是指听取顾客意见,了解顾客需要,为顾客着想,端正服务态度,改进服务措施,提高服务质量。商业为顾客提供的是产品和服务,在服务中要注重仪表、仪容、仪态和语言、操作的规范,热情周到,发自内心让顾客产生舒适感、安全感、宾至如归感。企业的服务水平和质量,直接关系到企业的生存和发展,关系到企业的声誉和经济效益,是企业经营成败的关键。

(五)奉献社会

奉献社会是社会主义职业道德的最高境界和最终目的,是商业道德的出发点和归宿。奉献社会就是要履行对社会、对他人的义务,自觉地、努力地为社会、为他人做贡献。当社会利益与局部利益、个人利益发生冲突时,每一个人都应把社会利益放在首位,商业从业者也应如此。

自古以来,在商业道德体系中,在获取利润的同时兼顾社会责任、奉献社会一直是为人推崇的商业品德。奉献社会是一种对事业忘我的全身心投入,这不仅需要有明确的信念,更需要有实际的行动。商业经营者们回馈桑梓、兼济天下是奉献社会,认真纳税、诚信经营也是奉献社会,研发新技术、投资教育事业更是奉献社会。

二、建立良好的商业道德环境

商业道德是一个国家或地区在长期商业实践活动中形成的能够被交易双方接受,并对其商业行为具有约束和影响作用的各种规范和准则的总和。在我国经济体制转型过程中,充分发挥商业道德的作用,培育与社会主义市场经济体制相适应的商业道德环境,对于有效规范各种商业主体的行为,净化市场环境和商业环境都具有十分重要的现实意义。建立良好的商业道德环境应该做到以下七点。

(一)以商业道德准则为切入点,全面推进商业道德建设

"守法、诚信、公平、敬业、服务"是商贸流通业必须遵循的商业道德准则。守法是基础,诚信是核心,公平是最基本要求,敬业是本分,服务是落脚点。商业要以职业道德为中心内容,大力开展商业道德建设,为建立良好商业信用体系打下坚实基础。

(二)以诚信为核心,重塑商业新形象

在市场经济条件下,诚信显得极为重要。要牢固树立以德经商、以信立业、诚信为本的企业经营理念和价值观,激活中华优秀传统商业诚信文化基因,激发中华优秀传统商业诚信文化的现代力量,更好地弘扬商业道德风尚,繁荣我国经济。

(三)以提高商品质量为重点,坚决杜绝假冒伪劣商品进入商品流通领域

社会和人民对假冒伪劣商品深恶痛绝,当前以打击假冒伪劣为重点内容的整顿和规范市场经济秩序的活动已深入生产与流通的各个环节,然而从根本上制止假冒伪劣现象还有许多工作要做。商业领域要自觉站在整顿和规范市场经济秩序的前列,提高职业道德意识,建立商品的质量管理、质量监督和质量保证体系,严格把好商品的进货关、检验关和销售关,杜绝假冒伪劣商品进入商贸流通领域。

(四)以服务为手段,不断创新服务内容和服务方式,全面提高商业服务水平

服务已成为企业参与市场竞争、扩大市场销售的重要手段。随着物联网、人工智能等

技术的推进,为消费者提供智慧化的体验场景已经成为未来趋势。智能商业服务的探索带来了不少积极效益。如依托手机应用和自助结账机的服务模式,一些超市的排队时间和人工成本显著降低,受到消费者欢迎,得到迅速推广。与此同时,一些智能商业模式的发展依然受制于消费习惯、技术成本等因素的制约。面对新的市场形势,商业的服务内容和服务范围有了新的变化,企业要强化服务意识,创新服务内容,提升服务质量,用服务来吸引顾客,用服务占领市场。

(五)以公平为杠杆,与上、下游企业建立良好的合作关系

要实现资源对接优质、可信赖的上、下游企业,建立战略合作联盟。与各大上游供应商和下游客户建立长期的资讯和订单交付、管理体制、人才培养、技术交流等联盟,实现资源共享和对接。要准确筛选优质、可信赖的供应商,不能一味注重低价格,对上、下游企业必须给予公平、合理的利润,实现多赢的局面。

(六)以建立商业信用体系为目标,推动商业道德建设的深入开展

商业信用是一切经济活动的基础,市场经济越发达,商业信用越重要。要从重点企业、重要岗位、重要部门入手,逐步建立起商业企业、员工个人的信用档案,建立不良信用记录制度和失信惩戒制度,建立科学的商业信用等级评定体系,逐步完善商业信用的认证和防范机制。

(七)培育典型,不断深化商业道德建设

积极树立商业道德典型,大力弘扬劳模精神,发挥"百城万店无假货"活动示范街、"青年文明号"、"职业道德双十佳"等先进集体和先进个人的典型示范作用,积极探索"品牌服务""星级服务""诚信服务"等活动开展的有效形式,营造加强商业道德建设的良好氛围。通过培养、树立商业道德建设的先进典型,不断扩大和深化商业职业道德建设的内涵,激励商业经营者以诚信为本,做诚信人,办诚信事。

【拓展阅读】

同仁堂历经300多年不倒的秘密

以"同修仁德,济世养生"为创立初心的北京同仁堂创建于清康熙八年(1669年),由于"配方独特、选料上乘、工艺精湛、疗效显著",自雍正元年(1723年)起,正式供奉清宫御药房用药,长达近两百年。老一辈创业者不敢有丝毫懈怠,终于造就了同仁堂小心谨慎、精益求精的企业精神。

在三百多年的历史长河中,历代同仁堂人树立"修合无人见,存心有天知"的自律意识,确保了同仁堂这块金字招牌的长盛不衰。有一次当经销商在广告中擅自增加并夸大某种产品的药效时,同仁堂郑重登报予以纠正并向消费者道歉。

同仁堂品牌作为中国第一个驰名商标,享誉海外。目前,同仁堂在经营格局上,形成了以制药工业为核心,以健康养生、商业零售、国际药业为支撑的五大板块,构建了集种植(养殖)、制造、销售、医疗、康养、研发于一体的大健康产业链条。

单元三　提升商业素养

任务一　商业素养的内涵

一、商业素养的含义

在汉语中,"素养"一词的内涵十分丰富,在古代就已经产生了。《汉书·李寻传》:"马不伏历,不可以趋道;士不素养,不可以重国。"《后汉书·刘表传》:"越有所素养者,使人示之以利,必持众来。"陆游的《上殿札子》:"气不素养,临事惶遽。"刘祁的《归潜志》:"士气不可不素养。如明昌、泰和间崇文养士,故一时士大夫争以敢言、敢为相尚。"

《新华词典》将人在后天教育或环境影响下形成和发展的品质称为"素养",是"平时的锻炼和教养"。"素养"可以理解为一种由自身长期的练习以及生活中的实践而形成的道德修养,也可以理解为修习涵养。人们并非生来就具有素养,而是通过后天的练习逐渐获得的,具有强烈的主观能动性。素养并非单一的形式或技能,而是不断重复产生的结果,它不单纯意味着知识和技能,作为一种能力,它能够充分地运用知识、技能、动机、情感和态度等以应对不同复杂情况。

根据不同的标准,素养可以分为诸多种类。从个人的素养角度,素养可以分为自然素养、心理素养、社会素养等;从素养的内容角度,素养可以分为人文素养、科学素养、商业素养等。

商业素养是指人们活跃在商业活动中,需要具有的基础的经营商业、参与商业活动的能力与技巧,同时也指人们在复杂的商业往来中应该具有的一些良好品德及需要遵守的相关道德准则。总体来说,所谓商业素养,是指人们在参与商业活动的过程中需要具有的商业才能与优秀品质,其中不但包含各类专业技能,如营销技能、商业规划、客户管理、产品服务、市场竞争意识、规避风险意识等,而且包含各类良好的商业道德品质,如真诚守信、互利互惠、大局意识、目光长远、勤于思考等。对于商业素养,还可以理解为特定职业固有的内在需求和行为规范,是具有参与商业活动身份的个体在进行商业活动时所体现出来的综合品质。商业素养是人们在参与商业活动时与时间和地点相契合的素养,比如具备专业的技能、良好的商业品行和良好的谈判技巧等多维度的素养。商业素养有时可以作为商业活动的内在要求,是商业活动所需要的基本商业知识、技能、意识等的综合归纳,是商业活动的参与者综合展现的素质水平,如商业道德、商业意识、商业技能与习惯等。要全面地理解商业素养的内涵,可以从以下三个方面入手。

第一,商业素养以人为载体,人是商业素养产生和发展的主体。商业素养是人们从事和参与商业活动时形成的产物。由于人们从事的商业活动不同,因此需要的商业素养也有所不同。随着商业活动的不断深入,商业素养也随之变化和发展。

第二,商业素养自始至终存在于商业活动中,没有商业活动,就没有商业素养的产生与发展。不同的商业活动对商业素养的要求也有所不同,更高层次、更复杂的商业活动对人们所具备的商业素养的要求也就更高。

第三，随着时间的推移，不同时期的商业活动对人们所具有的商业素养的要求是不同的，但对于商业素养的要求又有一些共同之处，不管什么时期，诚信经营、遵纪守法等都是普遍要求。

二、商业素养的影响因素

在商品经济不断发展的当下，商业活动对从业者的商业素养有着更高层次的要求。拥有相同商业技能的人很多，但是提供的商品和服务却各有不同，这些细节决定了人们商业素养水平的高低。影响商业素养的因素很多，使得商业素养的内容是不断变化与发展的。商业素养是商业文化与商业活动中不可或缺的一部分，传统的商业素养培养往往只偏重于个人某一方面的商业技能，忽视了人才的综合性商业素养的培养。现代商业对复合型人才需求增多，对从业者的商业综合素养要求也有所提升，因此注重培养人才的商业素养，使之具备较强的商业能力与文化底蕴，从容应对商业活动，成了商业人才培养的重要内容。

商业素养是从业者是否具备适应商业文化活动的能力的一种综合表现，影响商业素养的因素，大致可以总结为以下三个方面。

（一）个人因素是影响商业素养最重要的内在因素

个人因素可以分为以下几个要素：人格特性、职业知识、职业技能、学习能力、社会能力、职业理想、职业道德等。这些要素的强弱对商业活动的参与者所具有的商业素养产生重要影响。在这些个人因素中，职业理想是影响商业素养的重要因素，它能够让个人的职业认同感更强，从而使其在参与商业活动时更具有主观能动性，也更能积极主动地提升自身的商业素养。

商业活动的参与者是否具有商业活动经验也使其在商业素养水平上存在着明显的差别。初次参与商业经营活动的参与者，由于职业知识、技能等的储备量相对较少，社会参与能力较弱，因此对商业素养的培养意识并不强烈，导致其商业素养水平较低。而经常参与商业经营活动的人，由于知识、经验的增加，同时也意识到商业素养是衡量个体综合能力的重要标准，随着其商业活动的参与度逐渐提升，商业素养也随之提升。

（二）家庭环境因素对个体的商业素养水平起着一定的影响作用

家庭教育是学校教育及社会教育的重要基础。家庭环境内，如果家长缺少科学的教育方法和有效沟通，就不易帮助孩子养成良好的行为习惯、思维方式及健全的人格，孩子也就难以养成良好的素养。家庭成员自身的商业素养存在着互相影响的情况，如果父母本身具有较高的商业素养水平，那么子女的商业素养也将优良。

（三）社会环境因素也是个人商业素养的影响因素之一

个人的商业素养与社会环境有着密切的关系，良好的社会环境能够带给从业者积极的影响，使从业者更加积极主动地提升自身商业素养，以更好地参与商业活动，而个人良好的商业素养也有利于形成良好的社会环境，因此形成良性的循环。

商业素养体现的是个体对商业的尊重,有较高商业素养的从业者能将所从事的商业活动与自身发展目标紧密结合,社会实践可以促进商业素养的后天培养。商业理论和商业实践对商业素养的涵养作用并不相同,部分以抽象语言表达的商业素养诸如服务意识、团队合作意识、沟通意识等,如果不参与到具体现实的商业活动环境中,仅依靠语言的描述来理解将具有低价值性。实践活动是商业素养培养的有效载体,实践活动的过程更加注重从业者的行为模式等的塑造,很好地解决了仅仅依靠书本来培养商业素养所产生的弊端。社会环境本身的思想导向也值得重视。随着市场经济的建立和发展,人们的竞争意识、法律意识、效益意识等逐渐加强,这些对商业素养的形成与发展产生极大影响。在社会转型过程中,传统商业素养与现代商业素养进行着碰撞,形成了适应商业发展新形势的素养标准和要求。

三、商业素养的基本特点

商业素养的表现形式是多种多样的,既能够以实体状态体现在外在形态上,也能够以内在状态体现出来。商业素养的基本特点体现在以下五个方面。

(一)社会性

要明确商业素养的社会性特点,首先要理解"社会性"这一概念。社会性是人作为集体活动中的一员在参与活动时所表现出的有利于集体和社会发展的特性。社会性表现为:人是社会的产物,人的生产活动具有社会性,人的生活具有社会性。社会性是指人不能脱离社会而孤立生存的属性,商业素养具有社会性,使得参与到商业活动中的人能够为个人、集体、社会的发展做出一定的贡献。

(二)稳定性

商业素养是商业从业者在长期的商业实践活动中慢慢形成的,这种素养一旦形成,就具备了相对的稳定性。例如,一名一直从事汽车销售的销售员,在销售商品的过程中,渐渐养成了一系列与其工作相关的商业素养,如关于商品的专业知识的储备、熟练的销售技巧与话术、行业政策法规的掌握等,这些素养有一定的稳定性。此外,随着不断学习及所处商业环境对他的积极影响,他的商业素养也将稳步提升。

(三)发展性

商业素养是通过自身接受教育、不断参与商业活动及受到社会的影响而逐步形成的,虽然具有社会性及稳定性,但是,从长期来看,随着商业活动及商业环境的变化,对从业者不断提出更多、更高的要求,从事商业活动的人为了更好地适应、满足商业社会的需求,需要持续地提升自身的商业素养。

(四)内在性

商业活动的从业者在长期的商业实践中,通过自身的学习、认知及亲身实践,能够感知到自己的做法是否合理、有效。商业素养的内在性体现在有自我意识地进行思考、沉淀和升华。商业素养的内在性决定了不能对商业素养进行直接测评,需要借助其他手段和工具进行间接测评。

(五)整体性

商业素养是对一个人综合的考量,具有整体性的特点。当我们提到一个人具备良好的商业素养,不仅指他的商业道德水平高,同时也指他的商业意识、商业技能、商业习惯等都有着较高的水准。如果一个人没有良好的道德意识,即使他的商业技能水平再高,也不能称其有良好的商业素养。

四、商业素养的内容

(一)商业素养的冰山模型

1895年,弗洛伊德与布洛伊尔合作发表《歇斯底里症研究》,提出了"冰山理论",但"冰山理论"并不能够量化与评估个体的素质。1973年,美国著名心理学家麦克利兰提出了"冰山模型",该模型将个体素质所体现出的不同表现划分为"冰山以上部分"(显性素质)和"冰山以下部分"(隐性素质),以此对个体素质进行量化及评估。美国学者莱尔·M.斯潘塞和塞尼·M.斯潘塞从特征的角度提出了"素质冰山模型"。该模型将个体素质比喻为漂浮在海洋上的冰山,并将冰山分为水面上的部分及深藏于水下的部分。水面上的部分也就是显性素质,又称基准性素质,例如知识与技能等就是显性素质。这部分素质容易量化及模仿,不利于对个体进行区分。深藏于水下的部分也就是隐性素质,又称鉴别性素质,内驱力、动机、意识等均属于这类素质,是区分个体素质的关键因素,鉴别性素质不容易被量化及模仿。

根据"素质冰山模型",可以将商业素养分为以下两类。

1.显性商业素养

显性商业素养体现在商业参与者所展现出的与商业活动相关的专业知识与技能,商业知识、商业技能特征明显,容易被衡量,是商业素养中被关注的重点素养,可以通过继续深造获得相关证书、考取各类职业资格证书、参加各种专业技能考试和完成商业任务来提升。

2.隐性商业素养

隐性商业素养则是一些不能够被轻易察觉到的潜在特质,如人的价值观与商业观念、自我形象、个人的品德、商业目标等。一般来说,隐性商业素养能够影响显性商业素养,是显性商业素养的内在动力,隐性商业素养的持续提升能够让人在商业活动中自然地展现出良好的显性商业素养,与显性商业素养相比,隐性商业素养很难通过等级考试或者获取证书的方式来被证明。

(二)商业素养的基本内容

商业素养可以通过后天训练在商业实践中养成。商业素养主要包括四个方面的内容:商业道德、商业意识、商业习惯及商业技能。前三个方面是商业素养的基础,属于隐性商业素养,商业技能受前三个方面的影响,属于显性商业素养。

商业道德、商业意识及商业习惯这三个方面不是一蹴而就的,而是在长期的学习实践中慢慢获得,并逐步完善的,同时也涉及个人的人生观、价值观、世界观范畴,时间跨度相对较长。商业技能则可以通过短期的学习或商业实践活动来获得,如掌握了一门外语,掌握了计算机技能并考取了等级证书等,这些技能都可以在可预测的有限时间内达成想要的效果,也能够使人在可控制的时间内由入门到精通。商业技能是以商业道德、商业意识、商业习惯为基础的。即使从业者当前无法掌握高水准的商业技能,但是有着良好的商业道德、商业意识、商业习惯,随着时间的推移,其技能会逐渐提高,慢慢就会被商业活动中的个体与群体认可。反之,没有商业道德、商业意识、商业习惯作为基础,无论商业技能强弱都无法被群体接纳。

任务二　提升商业素养的方法

一、商业素养的形成与发展

在我国工商业发展历程中,学徒制是长期存在的商业素养培养形式。在近代学校教育成型之前,能力和素养培养主要通过传统学徒制。这种制度以师徒共同作为主体,在传统手工行业中,师傅在劳动中教授徒弟各种知识和技能。对于徒弟而言,这是一种情景化的学习方式,可在实践过程中养成各种专业素养。学徒制被认为是早期的一种教育形式,产生于家庭手工作坊之中,与生产实践紧密联系,也与商业活动有着不可分割的关系,随着学徒制的传承和发展,商业素养也产生了与时代相适应的变化。

早至先秦时期,学徒制就在我国产生了。自此以后,学徒制的历史可以分为三个时期,分别是古代学徒制时期、近代学徒制时期以及现代学徒制探索时期。

(一) 古代学徒制时期

这一时期的学徒制又被称作"艺徒制",人们的商业素养与生产活动紧密联系。早在西周时期,就产生了行业分工。到了春秋战国时期,随着商业的发展,民间手工业者拥有了高超的技艺。由于商业上的竞争,技艺的传承仅限于家族内部,慢慢才由家族内有限地延伸到家族外,商业素养的养成和发展受到一定的限制。到了盛唐时期,产生了由官府主管的手工业生产体系,官府选拔人才并实施对人才的培养与管理。这一时期的商业技能与知识有着相对统一的标准,受众范围也更广泛。宋朝时期,对于商业素养的培养产生了一些规范性的要求与技术指导,各行业开始采用"法式"来规范人才的培养。如《营造法式》是由宋代李诫创作的一本建筑学著作。明清时期,随着资本主义萌芽的产生,商品经济走向繁荣,各行业凝聚力增强,形成了能与官营作坊抗衡的行会组织,这些行会组织对人才的培养有着更加规范化的管理,也象征着商业素养的培养走向了规范化与统一化。

总体而言,古代学徒制时期,师徒关系比较稳定,商业素养的培养采用的是言传身教的方式,师傅除了将高超的技能与丰富的知识传递给徒弟外,也将商业品德传递给了下一代。这一时期对商业道德、商业意识等内容尤其重视,强调"尊师重道"的品德。我国古代往往有着严肃的拜师学艺的仪式,同时匠人们也在工艺技巧、品德素养方面精益求精,使得我国的手工制品享誉世界。

(二) 近代学徒制时期

这一时期是我国社会发生巨大变化的时期。自鸦片战争后,我国社会性质发生了深刻变化,农业经济遭受巨大打击,农业社会逐渐向工业社会过渡,生产方式由家庭本位过渡到社会本位,在这个过程中需要大批高素质的产业技术工人。一大批有识之士开始尝试变法改革,因此这一时期的商业素养的培养带有鲜明的时代色彩。传统的学徒制逐渐向学校教育转化,清政府在1866年创办了福州船政学堂,即中国第一所近代高等实业学堂,这是近代中国职业教育的开端。政府开始介入学徒教育,具体表现为增加设厂授徒的场所和学徒数量。晚清时期,学徒制得到清政府的大力支持,原有的学徒制得到改善并飞速发展。随着西方大量的科学文化知识的引进,人们更加务实,重视商业技能等显性素养的提升。对于商业精神、商业意识也有意识地加以强化,如要求人们有强烈的服务意识、责任意识、健全的人生观与价值观、勤劳乐观的商业态度、良好的商业习惯和科学的态度等。在商业素养的培养过程中,不仅强调个人素养的培养,同时也重视个人素养的提升给社会带来的影响。

(三) 现代学徒制探索时期

21世纪以来,社会需要的是复合型的人才,对商业素养的全面发展提出了更高的要求。现代学徒制是教育部根据国务院印发的《关于加快发展现代职业教育的决定》,在我国职业教育领域推行的一项试验,以校企双重主体育人为根本,以"学生""学徒"双重身份为保证,以岗位成才为路径,是一种全新的深层次职业教育工学结合人才培养形式,是一种将传统学徒培训方式与现代学校教育相结合的一种校企合作式的职业教育制度。现代学徒制开启了我国学徒制发展的新时期,也意味着商业素养的发展进入新时期。目前,高职院校越来越注重工学结合,这种基于工作和实践的体验能够使学习有明确的目标和针对性,充分激发了学生商业素养培养的主观能动性。学生在校企场景互换中滋养爱岗敬业、精益求精、坚韧不拔、合作共赢、求实创新的职业精神,提升职业规划、价值追求、行为判断、执行能力的水平和品质,在全面发展的基础上,具备可持续发展、自主发展的内驱力,形成终身发展的能力和素养,从而成为现代企业和经济转型所需要的高素质人才。

二、提升商业素养的途径

商业素养作为商业活动参与者需要具备的素养,对于个人提升并实现自我价值有着重要意义。商业素养的培养应立足于商业整体环境,依托企业的实践环节,建立商业资源共享模式和平台,关注商业人才的商业道德、商业意识的引导与教育过程,鼓励商业人才广泛地参与到商业实践活动中来。

(一) 企业为商业人才制订培养计划

1. 企业重视商业人才创新实践能力的培养

企业比较重视商业活动中的创新环节,为培养商业人才的创新意识与素养奠定了基础。企业擅长整合资源,打造创新平台,为商业人才提供资金与经验的支持。在商业实践过程中,企业组织商业人才,掌握商业知识,提升商业人才在商业决策、市场分析和判断方面的商业能力,对开拓创新的商业精神及团队合作能力予以鼓励等。

2. 企业帮助商业人才对商业环境进行有效评估与分析

企业帮助商业人才对商业现状进行客观评估。在对商业环境、行业特点进行深入分析的过程中,商业人才可以充分了解当前商业发展的状态、未来商业的发展前景等。在对商业环境进行分析之后,商业人才能够进一步确定在商业活动中自身商业素养的培养方向和目标,从而发展出适应时代要求的商业素养,让自身在商业活动中抢占先机。

3. 企业为商业人才建立科学合理的培养体系

企业在培养员工的过程中建立和完善商业素养规划辅导体系。商业素养的规划与培养贯穿于商业人才的成长全过程,不同阶段的商业人才对商业素养的培养重点的需求是不同的。如刚进入商业领域的人才对商业中的一切事物都具有极大的好奇心和新鲜感,这一时期是培养商业素养、养成商业意识最好的时期。企业可以通过交流研讨等方式,让经验丰富的企业家、专家学者与行业内新人进行讨论,给新人提供有效的指导规划,阶段性地培养新人的商业素养。迈过了新人这道门槛,接下来在商业素养培养上,企业可以有针对性地对员工进行商业个性化测评,让员工明确自身的短板与劣势、长处与优势,以此进行适当调整。当员工具有一定商业经验时,随之而来培养的是其商业意识等,企业可以用合适的方法帮助员工学习各类商业技巧并将其应用到现实商业活动中。

在企业的帮助下,优秀的商业人才也会为自身制订科学合理的工作计划,比如实时地关注商业最新动态和新闻,开展职业生涯规划工作的研究与调查,掌握行业内对商业人才的需求状况及对商业素养的具体要求,以使自身有目的地改进。

(二)商业人才在商业实践中提升商业素养

1. 在商业实践过程中,商业人才不仅关注自身显性商业素养的培养,也重视隐性商业素养的培养

在商业实践环节,商业知识、商业技能等固然重要,但更为重要的是商业活动中的处事之道及商业意识的培养。商业意识是一个人对于商业活动的认知的体现,商业人才在实践中将知识学习与商业意识的培养相结合,更详细地了解商业活动的内核,有针对性地处理商业活动的需求与反馈,进而改进自身在商业素养培养过程中出现的问题,及时进行自我反思、自我调整。

2. 商业人才有意识地寻找或创造良好的商业活动实践条件

比如寻找或建设一个集商业知识学习、商业技能培训等功能为一体的开放性资源共享平台,在该平台内,可以进行商业模拟实践活动,丰富商业实践经验。深化与各类平台及实践基地的合作建设,开拓更多的商业实践基地,扩大商业实践平台的合作层次、合作范围、合作区域,这样可以扩大商业素养培养的视角。

3. 在商业素养培养过程中,导师起着相当大的作用

专业知识与技能的传授和商业素养的培养是紧密联系的,导师自身具备的商业素养对于商业新手来说是至关重要的。导师既是商业新手的指引者,也具有商业人才的身份。优秀的导师一般都能精准把握商业活动的实时动态和理论前沿,了解商业活动的发展规律,积极主动地适应商业活动的发展需要,掌握商业活动需要的商业技能、商业习惯、商业意识等。结合创新思维,导师也会创新商业素养培养的内容,将前沿的理论知识引入商业实践环节,把商业素养的培养引入专业技术的传授层面,并在商业实践中注入商业道德培养。

(三)商业环境对商业道德和商业意识的引导

从事商业活动的目的之一是获取利润,这是客观的情况,古人对此直言不讳。"天下熙熙,皆为利来;天下攘攘,皆为利往。"这句话最早出自先秦的《六韬引谚》,后来又在西汉著名史学家、文学家司马迁《史记》的"货殖列传"中出现并流传开来。商业活动中必然会出现对财富的追求,这是不可否认的。孔子也曾说过"富与贵,是人之所欲也。"在传统商业文化观念中,重义轻利是相当重要的思想,这也使得商业实践活动与商业道德、商业意识相挂钩。

商业整个行业对于从业者商业道德和商业意识的培养都是十分看重的,也会努力加强对从业者的这些隐性商业素养的培养与教育,引导商业人才有意识地自主培养大局观及前瞻性的商业意识、思维,以良好的心态步入商业实践中。商业人才应培养良好的商业习惯与行为,积极应对商业环境中的挫折与考验,虚心接受批评并进行自我反思,锻炼在竞争中合作、在合作中竞争的心态,拥有社会责任感与使命感,和企业共同进步。

三、商业素养与商业文化的关系

商业素养的养成与商业文化的发展是相互促进、相互影响的,商业素养与商业文化是协调发展的。一方面,商业素养丰富了商业文化,让其具有多样性的特征;另一方面,商业文化的传承和发展也会提升商业人才的商业素养。自古以来,我国一直有和气生财、以和为贵等说法,"和"体现了商业文化中商人们良好的商业素养,也彰显了商人的良好品质。"和"文化展现了商业文化的优秀内核,也为商人的商业素养培养提供了指引和方向。

商业文化及其价值具体涉及商业风俗、商业历史与法律、商业价值观等,对于商业活动参与者而言,掌握商业发展的历史,了解商业法律法规,掌握不同时期商业形态的变化情况和各类商业习俗文化,拥有商业活动的基本价值观和商业观等,都是相当重要的。商业素养是个体参与商业活动的关键因素,也是身处商业文化中的人们所必须具备的品质。

(一)文化传承与理解以及素养培养对国家和民族的发展具有深远影响

文化是一个国家和民族的灵魂和生命,是一个国家和民族综合实力的重要体现。文化兴则民族兴,文化强则民族强。人类发展的历史经验表明,古今中外的一切大国都是文化大国和文化强国。实现中华民族伟大复兴,必须实现文化的高度繁荣兴盛,提高中华文化在世界范围的综合竞争力和影响力。中华文明源远流长,博大精深,中国有着悠久灿烂的历史和丰富的文化遗产。在21世纪商业素养培育框架中,有必要引入商业文化传承与理解这一理念,并将其作为商业素养培养的核心要素。

可以说,文化的传承与理解,本质上是立德树人的过程。良好的商业文化对个人良好的商业道德、商业意识、商业思维和商业习惯的形成具有不可替代的作用。

(二)文化传承与理解以及素养培养可以促进社会和谐发展

从社会发展角度来看,商业文化中蕴含的价值取向和行为准则是凝聚人心的基石,可以促进社会群体中的个人共同建设精神家园。商业文化传承与理解以及商业素养培养,对社会发展具有突出价值,而社会的良性发展反过来又对个人的美好生活具有重要意义。

以全球化的视角来看,虽然各地区的经济、资源和科学技术已进入一体化时代,但不同地区和民族的文化形态和结构仍有很大差异。不同文化传统和文明形态之间能否相互尊重、相互理解,能否进行有效的沟通和交流,是值得研究的一个重要议题。

培养人们对商业文化的理解及传承商业素养,有利于增进个人对文化的差异和共性的认识与理解,提高多元文化之间沟通的有效性,促进文化间的良性互动。

【拓展阅读】

转换成本

关于如何留住顾客,提高他们的忠诚度,很多人首先会想到提升产品质量,然后用更多的优惠、折扣和福利来吸引和回馈老客户。但是,竞争对手的福利优惠也是层出不穷的,常常可以看到这样的情况:哪个店有优惠,顾客就去哪个店。

有时候,顾客对产品和服务并不十分满意,却一边抱怨一边坚持用;有时候,顾客非常喜欢某个产品,却很容易被其他产品吸引而放弃该产品,这是为什么呢?因为顾客没有忠诚度。什么是忠诚度?忠诚度也叫作"转换成本"。

$$用户更换产品的动力 = (新产品价值 - 原产品价值) - 转换成本$$

顾客的忠诚度是企业的护城河,人都有趋利避害的本能,所谓忠诚度只有一个来源——背叛成本太高。用通俗的话说,"新产品价值-原产品价值"就是"受到的诱惑","转换成本"就是"背叛的代价"。顾客之所以会放弃之前所用的产品,就是因为受到的诱惑大于背叛的代价。

转换成本又可细分为以下三类:

程序性转换成本:指更换品牌和产品必须付出的时间和精力。

财务性转换成本:例如,航空公司、酒店的积分和会员身份,就是顾客的财务性转换成本。

关系性转换成本:例如,销售常常和某大客户沟通、交流,如果该客户打算换供应商,会产生一种"情感背叛"的感觉,这种感觉就是他的关系性转换成本。

所以优秀的产品质量是吸引顾客的第一步,真正能留住顾客的是高转换成本。企业想要尽可能地留住顾客,不妨从提高转换成本方面入手。

单元四　锤炼商业技能

商业技能是一个相对独立的概念或者范畴。商业技能作为商业素养的重要内容,影响着商业素养的方方面面。进入21世纪以来,我国商业发生了翻天覆地的变化,经历了由传统商业实体行业到线上互联网行业,再到互联网线上与线下并行的发展历程。其中最突出的表现之一就是,传统实体零售行业向互联网电子商务行业的转型与发展。这种变化不仅改变了消费者的消费方式和购物习惯,也改变了商品销售渠道和营销模式。对于商业素养中的商业技能来说,商业行业的巨大发展对人们的商业技能提出了新的要求。这是一个复杂和综合的问题,因为它涉及广泛的知识,而且会随着时间的推移而变化。在很多情况下,我们不仅要掌握商业技能,还要掌握其他技能,以适应不断变化的商业环境。

任务一　商业技能的内涵

一、技能与商业技能的含义

(一) 技能

技能是掌握和应用专门技术的能力,也可以说是一种活动方式或动作方式。《辞海》将技能定义为运用知识和经验从事某种活动的能力。《教育词典》将技能定义为通过重复学习和反省获得的体能、心能和社会能力。《教育大辞典》认为技能指主体根据现有知识和经验,通过实践对一项任务采取行动的方式。技能属于知识的范畴,技能的获得与知识的传授是分不开的。尽管对技能的定义各有不同,但不难发现它们之间的共同点:

首先,技能是通过一定的方式在后天获得的。外显的动作类型技能和隐性的心智类型技能是能够通过一定的方式来进行表达的。同时,技能的发展与提升是一个不断熟练的长期过程,对技能的培养具有可操作性,贯穿人的一生,但也要考虑商业活动的复杂性对商业技能培养的影响。

其次,技能与知识是相辅相成的。在练习和掌握一项技能时,有必要使用大脑中储存的一些先决知识来指导活动进行,从而增强解决问题的能力。知识不能直接转化为能力,技能是将知识转化为能力的重要一环,是知识与能力之间的桥梁。

(二) 商业技能

从概念的角度来说,商业技能是由商业与技能的相关概念引申出来的,是一个人在意识的控制下所具有的从事商业活动的能力,这种能力可以分为两个方面:一个方面是指在从事商业活动的同时,通过自己以往的经验和学习所获得的知识与技能;另一个方面涉及日常交往中形成的文字语言、面部表情和肢体动作等表达技能,其中,表达技能是传递信息、沟通信息的最基本、最直接的手段,是学习者获取信息的重要方式之一,是掌握商业技能的关键。

具体到微观层面,商业技能可以理解为商业活动参与者追求商业成功的多种能力的综合。商业活动参与者通过多角度学习,将自主学习能力、电子信息应用能力、商业生涯规划能力、沟通表达能力、团队合作能力、创新创业能力等有机结合,可以加深对知识和经验的理解,提高自身的综合素质,最终实现自我价值。

二、商业技能的内容

(一)营销技能

商品是用于交换的劳动产品,在商品丰富的社会,商品具有交换形式丰富的特点,因此商品营销技能被认为是最基础、最重要的职业资格。在商业经营中,良好的营销技能可以吸引客户,使用销售技巧可以把客户变成回头客,增加客户黏性,提高交易量。

(二)沟通技能

沟通是商业从业者必备的技能,是指商业从业者收集和发送信息的能力,通过书面、口头与肢体语言等媒介,有效与明确地向他人表达自己的想法、感受与态度,同时也能较快地、正确地解读他人的信息,从而了解他人的想法、感受与态度。沟通技能涉及许多方面,如积极倾听、重视反馈、控制情绪等。善于沟通能使商业从业者在应对复杂的商业环境时具有一定的优势。对于企业管理者来说,良好的沟通可以提高员工的信任度和忠诚度,与伙伴建立更紧密的合作关系;对于一线销售人员来说,有效的沟通可以形成更好的人际关系,促成交易的达成。

(三)客户管理技能

客户管理并非字面意义上的"管理客户",而是要清晰地掌握客户的需求,并想办法最大限度地满足客户对企业产品的需求,最终目标是吸引新客户、保留老客户,将已有客户转为忠实客户,增加市场占有量。企业赖以生存的本质是提供客户所需要的产品,想客户之所想,急客户之所急。优秀的企业会花大量的时间了解客户的思想并与其进行最直接的沟通。企业与客户具有良好的关系意味着企业将吸引客户当作促进企业长期发展与成长的良好动力。

客户管理已经从最初的销售服务扩展到营销、财务等领域,也包括人力资源、市场调研等相关活动。从双方关系来看,客户管理实质上是对企业客户资产的增值管理,是企业发展的一种整体战略观,是企业决策的重要基础,涉及企业的各个层面,甚至决定着企业未来的发展前景。

(四)服务技能

商业是一个与人打交道的行业,人们之间会形成服务者与被服务者的关系。作为提供服务的一方,要具有专业的服务技能。具体到不同的企业、不同的岗位,对商业从业者的服务技能有着不同的要求,甚至在最基本的买卖活动中,也无时无刻不蕴含着服务技能。当商人向顾客售卖商品时,也就同时在提供着服务。可以说,商业活动天然包含了对商业技能中服务技能的要求。

(五)规划技能

在商业活动中,每一步都至关重要,有时甚至一步定成败,特别是当企业处于早起发展阶段时。成功的企业会仔细考虑每个决策的风险、每种产品的成本和收益,制订一个切合实际的计划并坚持下去,把预算等因素都考虑在内,一步步让计划变为现实。

(六)写作技能

除了以上技能,写作技能是容易被忽视却又在商业活动中有着重要作用的一项技能。沟通技能以语言的方式展现,与沟通技能不同,写作技能以文字的方式体现。在商业活动中,商品的销售在正规的情况下最终都会落实在文字上,口头上的承诺有着较大风险性,而文字将一切条款体现得清晰明了,因此逻辑通顺、表意清晰、文笔流畅的写作技能是必不可少的。

三、商业技能的特点

(一)理论性

商业技能具有较强的理论性,理论性是商业技能的基本特点。理论可以指导实践,是人们对事物本质和规律的总结。商业技能的实践应用需要具有一定的专业理论知识加以指引。商业技能由于本身的复杂性、多样性和灵活性,它并没有严密的体系结构,因此,需要打好理论基础,用理论指导实践。

商业技能是相关理论的实践化及具体应用,没有专业、扎实的理论基础的商业技能是经不起推敲及时间检验的。因此,在商业活动中,需要全面学习和应用专业知识,在商业活动中保证有足够的专业素养和综合竞争力。随着我国市场经济的不断完善和发展,越来越多的人开始关注和从事商业活动,要想在日益激烈的商业环境中立于不败之地,就必须有较高的专业知识水平作为支撑。

(二)创新性

创新性是商业技能最突出的特点。商业活动中创新的重要性受到人们的广泛关注,创新能够促使个体和企业由低层次发展走向较高层次发展,提高生产率,改进生产方式,同时也可以增强企业的独特竞争优势。但需要注意的是,创新并非万能的。创新有其局限性,如果企业资金链并不强势,缺少相关专业领域的人才或者其他一些重要条件,就不能达到商业活动预期的目的。因此,需要根据企业的实际情况选择合适的创新思路与模式,才能确保企业的长期、稳定发展。

科技的革新也给商业带来了诸多变化,如移动支付手段的出现大大提高了商业活动的效率,给买卖双方带来了极大的便利。网络直播的发展给传统的营销模式赋予了新的形式,让销售不再局限于特定的地点,大大拓展了商业活动的场所,将销售从线下发展到了线上进行,扩大了销售渠道,增加了影响范围。

(三) 规范性

任何行业或者职业都有一定的对于技术、技能等的确切要求或者严格的规范操作与评估的系统,商业也是如此。在辨别与认知商业技能时,规范性可以对商业技能清晰地分出类别并将其合理地运用到最适合的商业活动中,这大大地提高了商业活动的效率,也有利于优化资源的配置与利用。不同的商业技能在实际运用中其规范是有区别的,在实际商业生产中,具体工艺、流程、技术手段各有不同,那么就有着不同的操作规范与方法,这意味着商业技能的规范性在不同行业、不同企业有各自特点。

(四) 专业性

专业性是商业技能内在的特点。商业技能的专业性是指对商业活动中某个专业领域或某种技能工艺的实际操作,同时能够体现商业人才商业素养的专业、理论功底的扎实、实践经验的丰富。它包含从事该项商业活动所需要具备的知识、技能和经验等。这些知识、技能和经验是商业活动参与者在一定时间内学习并积累起来的,且一直持续地更新着。

(五) 系统性

商业技能具有系统性的特点,这一特点是就整体情况来说的。商业技能的产生、学习与培养是一个连续的过程,并不能将各个阶段分解开来,这形成了商业技能系统性的特点。商业技能的产生是一个系统性的过程,不是一蹴而就的。商业技能的学习也是一个系统的学习过程,各类理论知识的学习是逐步推进的,而各类实践性学习与思考也是在理论学习的基础上进行的。同时,商业技能的培养也并非短暂的培养过程,短期的培养或许能暂时获得一定的商业技能,但是从长远考虑,想要拥有稳定且扎实的商业技能,必须通过系统的培养过程。对于企业管理者来说,应当系统地学习并掌握各种知识和技能,以便更好地从事商业活动。

(六) 应用性

商业技能具有应用性的特点,这是就实践角度与实际的商业活动角度来说的。商业技能在养成创新思维和提高实践动手能力方面有着很大的作用,同时商业技能对于个人的就业也起着积极作用。个人在商业环境中会经历各种类型的商业竞争,这种情况下,拥有一定具有应用性的商业技能能够保障个人就业。学习理论知识能够更理性地认识社会、适应社会,而商业技能则能够更加高效、准确地完成商业活动所给予的任务,以便获得更好的商业收益。从业者面临着许多的决策问题,在决策过程中,需要给自身制订合理有效的商业发展计划,可通过商业技能的实际运用来提高自身的商业核心竞争力。在商业活动中,通过理论学习获得的商业技能能够运用到商业实践中,具有很强的应用性。

【拓展阅读】

提高自信的五个小技巧:

1. 直面恐惧

恐惧是一把双刃剑,恐惧既能保证自身的安全,提醒自己身边可能出现的危险,但恐惧也将自己放在了保护罩之内,屏蔽了一些好的事物,因此,不要被恐惧支配。

2. 认识自身优点

人们很容易因为过度在意自身的某些缺点而忽视了自己真正的优点,多关注自身的优点就能获得自信。

3. 设定能达到的目标

通过设置小目标的方式一点点达到最初的预期,成功能帮助提高自信。

4. 帮助他人

做志愿者或者帮助他人能体会到成就感与自豪感,与他人建立良性关系能释放自身压力,获得幸福感。

5. 认识自身不足

在找到自身优点、建立自信之后,也应清楚认识到自我的不足。

任务二 锤炼商业技能的措施

一、商业技能培养的必要性

商业技能的培养,有助于与商业意识、商业精神的融合,也有助于提高商业素养的水平,帮助商业人才全面发展。商业技能的培养是十分必要的,然而有的企业把商业技能训练等同于岗位技术培训,有的企业把商业技能当作商业素养培养的唯一指标,而忽略了商业技能的综合性及与其他素养的关联性。

(一)对商业技能的培养是商业新形势对商业人才的需求导向

在实际的商业活动中,企业对商业人才的需求是有一定的基本要求的,多数情况下,企业需要员工具有较高的商业素养,能够有熟练的商业技能为企业创造价值,同时也要具有商业意识。在新的经济形势下,社会不仅需要智慧型商业人才,同时对技能型商业人才的需求量也是很大的。因此,商业人才不能拘泥于理论知识的学习,也应当加强对商业技能的培养,以满足社会的需求。

(二)对商业技能的培养是商业人才提高商业适应力的过程

"纸上得来终觉浅,绝知此事要躬行。"重视商业技能的培养,原因之一是它可以帮助商业人才在未来更好地适应复杂多变的商业环境。在某项对企业和员工的调查中发现:有些员工对企业心存不满,不适应企业的工作环境,也不适应商业的变化节奏;而有的企业认为某些员工并没有足够的能力胜任商业的相关工作,在商业实践中显得比较局促。造成这种情况的原因是多方面的,其中一个原因是员工在踏入真正的商业环境前,忽略了商业技能的培养;对于企业来说,没有意识到商业技能的重要性,在筛选求职者时没有对其商业技能进行考核。

(三)商业技能的培养对于商业文化的发展有着重要意义

商业文化作为文化的一种类型,对商业的发展有着深远的影响。商业文化包括物质文化和精神文化,这些文化需要商业人才通过施展商业技能去创造,创造出来的商业文化需要传播和发展,商业人才在商业技能的培养过程中,无形地传播着商业文化。因此,商业技能的培养,已经不再局限于技术与能力的培养这一层面了,也可以理解为对商业文化的传承和创新。因此,培养出一批批优秀的、具有高水平商业技能的人才是传播商业文化的有效途径之一。商业文化可以经过人们的口口相传进行传播,也可以通过真实的示例展示在世人面前进行传播,具有高水平商业技能的商业人才是商业文化传播的良好示范。

(四)重视商业技能的培养能够提高商业人才的整体素质

重视商业技能的培养有助于提高商业人才的素质。在不断的练习与实践中,商业技能的提高能够对人的商业意识提升产生重要的影响,也能够对商业人才产生积极的心理暗示。商业技能水平的提高能够让商业人才获得更多的自信,从而产生更多的创新意识与新的商业意识。当商业意识得到肯定与正向反馈后,又能够反作用于商业技能。商业意识一旦被验证为有效的思路,那么在现有的思路的基础上,商业素养的培养主体就会按照该思路进行商业技能的学习与提高。

二、商业技能培养的方法

商业技能作为职业技能的一种形式,是人们在商业活动中所必备的基本素质。它包括熟练掌握的商业知识、灵活的销售技巧和商业管理的方法等多个方面的内容,是一门复杂的综合技能,也是衡量一个人商业素养水平的重要指标之一。如财务人员的商业技能包含凭证的归纳与整理、账目报表的编制、财会法律法规的熟练掌握等。

培养商业技能不仅是提高企业竞争力的关键,而且具有重要的经济意义。商业技能与社会发展需求密切相关,随着社会经济的快速发展和人民生活水平的不断提高,消费观念和消费行为正逐步从物质满足转向精神层次,现代市场的供给结构和消费结构正在发生变化。随着我国市场经济体制改革的不断深入和经济全球化进程的加快,企业之间的竞争越来越激烈,企业对人才的要求也逐渐提高。

理论来源于实践,也要运用于实践。在专业知识学习的过程中,商业人员既要注意理论知识的掌握,也要注意将专业知识运用到商业实践活动中。这就要求有志从事商业的人在学习专业知识的时候,能够将知识与商业实践联系起来,充分发挥理论的先导作用。只有知行合一,才能深化理论。因此,学好理论的关键不仅在于掌握书本上的内容,还在于能够从具体的情况出发,了解企业生产与销售等环节的实际操作经验。

(一)了解整个商业理论体系

了解商业理论体系的具体内容,把握企业在市场经济中的地位和作用。了解企业的产品、服务、价格、广告战略等,提高自身的综合商业参与能力和商业素养,为今后的各项商业活动打下坚实的基础。

商业理论体系是培养商业技能的基础和前提,它有助于商业人才正确认识和分析商业需求,把握商业发展方向,制订科学的商业活动策略。了解商业理论体系,对于促进自身商业技能水平的快速提高具有指导意义,对在长期的商业实践中创造和传承商业文化也有重要的理论意义和现实意义。

(二)善于发现商业理论体系各方面的内在联系

掌握商业理论体系各方面之间的联系对于商业技能的培养有着很大的帮助。熟悉经济学各分支领域,通过查找资料、编制流程图、采用合适的商业技术对原始数据进行进一步的分析和建模,对商业模式、商业逻辑等理论体系进行综述、总结,进而发现其中的内在联系,综合运用商业理论。

(三)对商业理论与商业实践的关系进行梳理

对商业理论的具体操作性和规范性进行深入的思考,为商业活动提供一个良好的环境。对于经济发展水平不同的地区,可以根据当地的实际情况,选择合适的培养模式来进行商业技能的培养,从而达到培养高素质人才的目的。

【拓展阅读】

提高沟通能力的7个实用小技巧

1. 态度要真诚

和他人沟通的时候,态度一定要真诚,要让对方感受到你是真心待人的,这一点很重要。

2. 看访谈类节目

电视和网络上的访谈类节目有很多,比如《杨澜访谈录》《鲁豫有约》等,在看节目的同时,学习嘉宾的沟通模式,然后运用到自己的生活当中。

3. 多与人交流

想提升沟通能力,就一定要实践,否则再多的沟通技巧都是纸上谈兵。平时可以多跟家人、朋友坐下促膝谈心,分享自己的生活体验,经常交流,语言表达能力自然就得到提升了。

4. 善于倾听

善于倾听也是提升沟通能力的途径之一。只有多听、多思考,才能更好地表达自己的见解,长期坚持就能够提高沟通能力。

5. 适当控制语速

沟通的过程中,要注意控制语速,不要过快。放慢语速能够让自己更加井井有条地输出信息,同时也能够让他人听得更加清楚、明白。在沟通能力还有待提高的时候,放慢语速是一个非常好的沟通技巧。

6. 懂得换位思考

懂得换位思考,让他人有平等交流的机会,这是对他人最起码的尊重。懂得站在他人角度去思考问题,这样才能让沟通更加顺畅。

7.经常给自己充电

在日常交流中增加沟通技巧的锻炼,同时要多看书、学习,这样才能在输出时有丰富的内容可以分享。

列夫·托尔斯泰说过:"与人交流一次,往往比多年苦思冥想更能启发心智。"

【测试与思考】

一、单选题

1. 正确处理义与利的关系是商业道德的基本要求,我们要做到(   )。
   A. 先利后义　　　B. 以利制义　　　C. 利义合一　　　D. 以义制利

2. 道德行为的指导是(   ),没有它便不会产生相应的道德行为。
   A. 道德情感　　　B. 道德意志　　　C. 道德观念　　　D. 道德认识

3. (   )是职业道德在经商活动中的体现。
   A. 行为规范　　　B. 商业道德　　　C. 职业道德　　　D. 法律规范

4. 企业在追求利润的同时,必须坚持可持续发展战略,负担起(   )的社会责任。
   A. 合法经营　　　B. 保护环境　　　C. 诚实守信　　　D. 创造利润

5. 以下说法错误的是(   )。
   A. 素养是先天就具有的
   B. 素养可以理解为修习涵养
   C. 《汉书》中已经有素养一词
   D. 素养是平时的锻炼和教养

6. 商业素养的影响因素中最内在的因素是(   )。
   A. 个人因素　　　B. 家庭因素　　　C. 经济因素　　　D. 社会因素

7. 商业素养的(   )体现了商业活动中的人们能够为个人、集体、社会的发展做出一定的贡献。
   A. 社会性　　　B. 发展性　　　C. 稳定性　　　D. 整体性

8. 以下说法错误的是(   )。
   A. 隐性素养能够被量化及区分
   B. 商业技能以商业道德、商业意识、商业习惯为基础
   C. 商业素养能够体现个体对商业的尊重
   D. 个体对商业活动的参与度逐步提高,其商业素养也能够逐渐提升

9. 以下对于商业技能的说法错误的是(   )。
   A. 商业技能是一个人在意识的控制下所具有的相关行动的能力
   B. 商业技能是商业活动参与者追求商业上的成功的多种能力的综合
   C. 提高商业技能是成功解决商业问题、完成商业任务的有效途径
   D. 商业技能是通过重复学习和反省获得的能力,一旦获得就不再变化

10. 以下关于商业技能培养的必要性的说法错误的是(   )。
    A. 可以提高商业素养的水平,帮助商业人才全面发展

B. 能够帮助商业人才提高商业适应力
C. 商业技能是由商业和文化的相关概念引申而来的
D. 对商业文化进行传承与创新的同时也能够积极传播优秀的商业文化

二、简答题

1. 什么是商业道德？
2. 如何理解商业道德的特征？
3. 什么是商业素养？
4. 商业素养的影响因素有哪些？
5. 怎样理解商业技能培养的必要性？

三、案例分析题

孟信不卖病牛

北魏孝武帝时，赵平太守孟信，为政崇尚宽厚仁和，老百姓对他的执政方式十分认可。一次，山里有位老人给他送来了烤制好的猪腿和酒，以表敬意。孟信和颜悦色地接待了他，并关心地询问起了老人的身体状况。吃饭时，孟信拿出自己的酒，又让人用木盘端来了下酒菜，其实只是些清淡菜肴，仅此而已。酒过三巡，孟信举杯对老人说："我来贵郡任职，从无任何人送礼给我，只有您给我送来了这些礼物。我很久只吃素不沾荤了，如今为了收下您老人家的这份深情厚谊，就收下您一只猪腿吧。但我这里有酒，就不劳您破费了。"老人一听，十分高兴，就把一条猪腿献给了孟信。

孟信不做官期间，由于平时没有积蓄，家中十分清贫，以至于连饭都吃不上。他只有一头老牛，这天他侄子准备把老牛卖了，买些柴米。当买牛人跟着孟信的侄子来到孟信家时，孟信才知道侄子要卖掉老牛。

他当即告诉买牛人："这是头病牛，一干活病就发作，你不要买了。"并因此将其侄子打了二十杖，以示惩罚。买牛人被孟信高尚的品德震惊，连连赞叹，过了一会儿，对孟信说："孟公，病了也不要紧，因为不需要它出多大的力气。"面对买主的苦苦请求，孟信只是不依，买牛人只得作罢。后来才知道，买牛人原来是周文帝的手下，周文帝听说此事后，深为孟信诚实敦厚、不贪便宜的高尚感动。后孟信被举荐为太子少师，后又升为太子太傅，当时各学士都引以为荣。后来孟信又做到车骑大将军，仪同三司、散骑常侍。

请思考：
1. 孟信在处理老人为其送来的猪腿和酒这一事件中体现了什么素养？
2. 孟信被周文帝赏识，凭借的是什么？

【实训安排】

参与商业技能实践活动，拜访相关企业

一、实训目标

1. 理解商业技能的含义。

2. 加深对商业技能的认识。

3. 通过实践的方式切实感受商业技能的养成。

二、实训内容

1. 根据学生所学专业的实际情况,对校企合作的企业进行实地拜访与参观。

2. 了解企业的概况(企业的成立与发展历程、企业文化、在售商品、企业的规章制度、企业人力资源管理等)。

3. 了解企业的工作流程、相关岗位所需要的专业技能与技术等。如在对企业各岗位的了解过程中,学习专业知识在商业实践活动中的运用,了解企业在转型过程中的做法,如电商网站的建立与维护、信息数据处理与流量的运营、客户服务保障、产品销售前期的咨询环节、产品的售后服务、退换货的处理等。

4. 了解企业发展过程中的典型案例,并进行思考总结。

三、实训要求

在实训过程中,学生应当积极了解与自身专业和课程相关的知识,具体要求如下:

1. 注意礼仪礼貌,体现良好形象。

2. 学生应当明确实训的目标及内容,按照要求认真完成实训任务。

3. 教师应当在实训开始前做好实训准备工作。与企业对接,保持良好沟通,掌握企业的基本情况,带领学生根据模块教学目标准备相关的资料,指导学生进行商业技能的实训。

4. 实训过程中,应积极配合工作人员的工作,认真听取现场工作人员、企业管理者、导师的讲解,实训结束后,编写实训报告并上交。

5. 实训过程中,注意安全,不得随意走动,听从指导教师与现场工作人员的安排,遵守企业规章制度和相关规定。

四、实训成果

实训结束后,上交实训报告,报告格式规范,内容要完整、有条理。

五、评价标准

根据实训成果,进行"优、良、中、及格、不及格"打分。

参 考 文 献

[1] 范文澜. 中国通史[M]. 杭州:人民出版社,2004.
[2] 黄仁宇. 明代的漕运[M]. 北京:新星出版社,2005.
[3] 中国信息通信研究院. 中国数字经济发展白皮书(2020)[R]. 北京:中国信息通信研究院,2020.
[4] 尹进. 中国古代商品经济与经济管理研究[M]. 武汉:武汉大学出版社,1991.
[5] 成光琳,杜柳. 中国商贸文化[M]. 北京:高等教育出版社,2018.
[6] 王茹琴. 中国商路[M]. 北京:高等教育出版社,2017.
[7] 张桂平. 中国商业文化实践与理论[M]. 北京:经济科学出版社,2019.
[8] 王兆祥,刘文智. 中国古代的商人[M]. 北京:商务印书馆,1995.
[9] 国家文物局. 海上丝绸之路[M]. 北京:文物出版社,2014.
[10] 艾梅霞. 茶叶之路[M]. 范蓓蕾,郭玮,张恕,等译. 北京:中信出版社,2007.
[11] 刘云华. 红帮裁缝研究[M]. 杭州:浙江大学出版社,2010.
[12] 林文益. 中国商业简史[M]. 北京:中国展望出版社,1985.
[13] 彭信威. 中国货币史[M]. 上海:上海人民出版社,2007.
[14] 童书业. 中国手工业商业发展史[M]. 上海:中华书局,2005.
[15] 李浚源,任乃文. 中国商业史[M]. 北京:中央广播电视大学出版社,1985.
[16] 沈光耀. 中国古代对外贸易史[M]. 广州:广东人民出版社,1985.
[17] 吴慧. 中国古代商业[M]. 北京:北京国际广播出版社,2010.
[18] 余鑫炎. 商业经济学[M]. 北京:中国财政经济出版社,2003.
[19] 王婉芳. 中国商贸与文化传承[M]. 北京:中国人民大学出版社,2015.
[20] 王忆萍,文彦,张元立. 中华老字号的故事[M]. 济南:山东画报出版社,2012.
[21] 吴晓波. 激荡三十年:中国企业1978—2008[M]. 北京:中信出版社,2017.
[22] 胡雪岩. 中国商道:红顶商人胡雪岩经营处世谋略[M]. 王秋萍,评释. 北京:当代世界出版社,2005.
[23] 王志刚. 经商要学胡雪岩[M]. 北京:中国华侨出版社,2004.
[24] 王保民,王智,范爱明. 晋商翘楚乔致庸用人、经商、处世之道[M]. 北京:清华大学出版社,2006.
[25] 黄文锋. 企业家精神[M]. 北京:中国人民大学出版社,2018.
[26] 翟玉忠. 中国商道:中国商人的长生久富之道[M]. 北京:中央编译出版社,2012.
[27] 赵耀华. 商贾奇谋:财富背后的传奇[M]. 北京:中国经济出版社,2013.

[28] 夏东元.郑观应全集[M].上海:上海人民出版社,1982.
[29] 王法德.商战兵法:用《孙子兵法》谋略赢"一带一路"商战[M].北京:中国财经出版社,2017.
[30] 张继焦,丁惠敏,黄忠彩.中国"老字号"企业发展报告[M].北京:社会科学文献出版社,2011.